Nutrición Ayurvédica

Una guía para un comer consciente

Mata Amritanandamayi Center, San Ramon
California, Estados Unidos

Nutrición ayurvédica

por Nibodhi Haas y Gunavati Gobbi

Traducido por Ajita Grau

Publicado por:
Mata Amritanandamayi Center
P.O. Box 613
San Ramon, CA 94583
Estados Unidos

——————— *Ayurvedic Nutrition (Spanish)* ———————

Primera edición por MA Center: septiembre de 2016

En España: www.amma-spain.org

En la India:
www.amritapuri.org
inform@amritapuri.org

El propósito de la información contenida en este libro no es diagnosticar, tratar, curar, o prevenir ninguna enfermedad o desorden. Su propósito es sólo educativo.

Es nuestra más sincera plegaria que este libro sea de ayuda para el lector, la humanidad y la Madre Naturaleza. Que pueda traer salud y felicidad. Cualquier beneficio derivado de la información contenida en este libro se debe a la infinita gracia y compasión de Amma, así como a la sabiduría de los antiguos Rishis (Videntes). Cualquier posible error en el texto es responsabilidad de los autores. Ofrecemos este libro a los Pies de loto de nuestra Bienamada Satguru, Sri Mata Amritanandamayi.

Indice

Introducción

"El médico ayurvédico empieza a tratar la enfermedad decidiendo la dieta que debe seguir el paciente. Los médicos ayurvédicos confían tanto en el seguimiento cuidadoso de la dieta, que se afirma que todas las enfermedades pueden ser curadas con ella y los suplementos de hierbas apropiados; pero si un paciente no hace caso de su dieta, ni cien buenas medicinas lo curarán".

— Charaka Samhita 1.41

La salud y la felicidad se mantienen y nutren a través de una alimentación y una actitud correctas. Las culturas y escuelas de salud antiguas entienden que lo que elegimos comer afecta significativamente la salud física y emocional. Los alimentos naturales preparados con amor y conciencia dan vida y fuerza al cuerpo y a la mente; pero los que están llenos de pensamientos nocivos o sustancias tóxicas, como agentes blanqueadores, colorantes artificiales, conservantes y aditivos, agotan al cuerpo. Cuando los sistemas corporales están bajo la presión de comidas insanas, también se produce una consecuencia emocional. La medicina China establece una correlación entre la ira y la toxicidad del hígado, mientras que la aflicción está relacionada con la debilidad pulmonar. La naturopatía nos demuestra que las alergias alimentarias a menudo nos producen letargo, embotamiento e incluso depresión.

La Ciencia ayurvédica enseña que una dieta correcta es la base de una buena salud. Clasifica al cuerpo en tres tipos constitucionales o *doshas*: *vata*, *pitta* y *kapha*. El término *vata* se refiere a los elementos aire y éter. *Pitta* se refiere al fuego y al agua. *Kapha* al agua y a la tierra. Teniendo en cuenta estos atributos, los alimentos también están clasificados en tres categorías: tamásicos (pesados/embotados), rajásicos (agitados/activos), y sáttvicos (ligeros/puros). Si comemos alimentos tamásicos, rajásicos o sáttvicos tendremos un efecto similar en nuestro cuerpo y nuestra mente. Por diferentes caminos se prueba esta misma conclusión: literalmente somos lo que comemos.

Los principios ayurvédicos sobre la dieta están destinados a restablecer el equilibrio de los *doshas*. Esto es esencial para mantener la vitalidad física, la salud emocional y la paz mental. Las dietas ayurvédicas están personalizadas según la constitución individual. Cada individuo tiene una determinada combinación de los elementos y *doshas* y, en consecuencia, los requisitos de su dieta también varían. Al escoger los alimentos convenientes, hay que tener en cuenta la constitución individual, la estación del año, el tiempo, la hora del día, la calidad de los alimentos y también la actitud mental y emocional cuando se tiene hambre. Cuando ingerimos alimentos participamos en el proceso creativo de la naturaleza. Con los

alimentos que escogemos podemos rejuvenecer o debilitar el cuerpo.

Lo que comemos es tan importante como la manera en que lo hacemos. Si nos sentimos emocionalmente inestables, podemos alterar la armonía del cuerpo. Si comemos demasiado deprisa o en exceso, la mala digestión termina causando una disposición a enfermar. Comiendo de una manera tranquila, con sentido de gratitud, contribuimos al bienestar y la coherencia corporal.

Seguir una dieta ayurvédica no es difícil. Por cada alimento que incremente un determinado *dosha*, hay una gran cantidad de alternativas, alimentos beneficiosos y sabrosos que pueden restablecer el equilibrio. A medida que nos volvemos más receptivos a lo que verdaderamente esta ocurriendo en nuestro cuerpo solemos empezar a desear comidas más simples y naturales. Los hábitos alimentarios dañinos suelen ser el resultado de un condicionamiento pasado, ya sea por la familia, los amigos o la sociedad, y pueden ser remplazados al realizar elecciones más nutritivas. Incluso, en ocasiones, realizar un pequeño y sencillo cambio en la dieta puede provocar un cambio radical en la salud.

La trama entera de la vida se ve afectada por nuestra selección de alimentos. Escoger alimentos sanos es una de las mejores herramientas de que disponemos para crear cuerpos fuertes y mentes equilibradas, honrando a su vez a nuestra Madre Tierra y respetando a todas sus criaturas. Te animamos a concienciarte del impacto que ejercen tus decisiones sobre la dieta sobre tu propio ser y sobre la tierra. Que esta información nos proporcione comprensión e inspiración para escoger alimentos saludables y de este modo posibilitar que estos cuerpos sean mejores vehículos para el servicio y la conciencia.

Equilibrando la dieta

Como el *ayurveda* entiende el cuerpo en términos de un modelo constitucional, las recomendaciones normalmente difieren de persona a persona. El *ayurveda* nos explica que hay fuerzas elementales que influyen en la naturaleza y los seres humanos. El universo está compuesto por cinco grandes elementos: espacio (éter), aire, fuego, agua y tierra. Toda la creación es una danza o juego de estos cinco elementos. Ellos interactúan juntos para formar los tres *doshas* (los humores corporales *vata*, *pitta* y *kapha*). La palabra *dosha* significa realmente "impureza" o "desequilibrio". Los *doshas* son los responsables de los procesos biológicos, psicológicos y fisiológicos de nuestro cuerpo, mente y conciencia. Cuando están en armonía, mantienen el equilibrio dentro de nosotros. Todos tenemos cada uno de estos *doshas*, pero en diferentes proporciones y relaciones.

Los beneficios derivados de comer de acuerdo a tu *dosha* (constitución) son:

- Mejor salud, juventud y memoria
- Más energía, resistencia y fuerza
- Disminución de desequilibrios existentes
- Prevención de desequilibrios
- Mayor capacidad para tolerar el estrés y la ansiedad
- Mejora el sueño y la concentración
- Mejora la digestión, el metabolismo y la eliminación
- Buena salud de la piel y el cutis
- Frena el proceso de envejecimiento
- Niños más saludables
- Sistema inmunológico más fuerte
- Peso equilibrado
- Mejora la meditación y la práctica de *yoga*

El siguiente estudio puede darte una idea de tu *dosha*(s) predominante. Por favor recuerda, es una vista muy general y por encima. El mejor modo de determinar tu *dosha*, o la dieta ideal, es visitar a un médico ayurvédico cualificado.

Determinando la prakriti: la constitución individual

Aspectos	*Vata*	*Pitta*	*Kapha*
Mental	Rápido, Sin descanso	Agudo, agresivo	Calmado, firme, estable
Memoria	Corto plazo	Buena	Largo plazo
Emociones	Miedo, inseguridad	Enfado, irritable	Apego, codicia
Pensamientos	Cambiantes	Normalmente estables	Estables
Concentración	Periodos cortos	Por encima de la media	Periodos largos
Sueños	Miedo, activos	Enfado, fogosos,	Difusos, calmado
Sueño	Ligero, agitado	Sonoro, medio	Profundo, largo
Habla	Rápida, dispersa	Clara, rápida, aguda	Lenta, clara, dulce
Voz	Tono alto, débil	Medio	Tono bajo
Estructura corporal	Delgada	Media	Corpulenta

Peso corporal	Bajo	Moderado	Pesado
Piel	Seca, áspera	Delicada, grasa	Gruesa, grasa
Tipo de cabello	Seco	Normal	Graso
Color del cabello	Oscuro, claro	Rojo, canoso	Castaño, negro
Cantidad de cabello	Normal	Escaso	Denso
Dientes	Sobresalientes, torcidos	Medianos, blandos	Largos, fuertes
Ojos	Pequeños, secos, activos	Agudos, penetrantes	Grandes, atractivos
Apetito	Escaso, variable	Buen apetito	Constante, moderado
Patrón de enfermedades	Nervios, dolor	Relacionadas con el calor	Mucosidad
Sed	Variable	Excesiva	Escasa
Deposición	Seca, dura, estreñimiento	Oleosa, suelta, blanda	Oleosa, gruesa, lenta
Actividad	Muy activo	Moderado	Lento
Resistencia	Regular	Buena	Alta
Fuerza	Regular	Por encima de la media	Excelente
Pulso	Oculto, débil, lineal	Oscilante, moderado, saltarín	Claro, espaciado, lento
Totales:	*Vata*	*Pitta*	*Kapha*

Las dietas específicas para los *doshas* tienen como objetivo armonizar los *doshas* con el cuerpo, según la constitución de cada uno y sus desequilibrios actuales. Por ejemplo, si tienes predominantemente las características de *vata*, o tienes síntomas o enfermedades relacionados con *vata*, lo mejor es seguir una dieta pacificadora de *vata*. Por favor, recuerda que es una guía general. Las exigencias dietéticas variarán según la estación, la edad, la capacidad digestiva, la localización y el clima. A menudo es necesario combinar los principios de los *dosha*s con las necesidades individuales del momento. Esta guía es un buen punto de partida. Estas listas no incluyen intencionadamente carne ni huevos. Esto se tratará en capítulos posteriores.

Dieta pacificadora de vata

La estación de *vata* es el frío, el viento y la estación seca. Entonces es cuando las cualidades de *vata* aumentan de forma natural, y hay que tener un cuidado especial en mantener el equilibrio durante esta época. En este periodo es beneficioso tomar muchos alimentos y bebidas calientes, comida más pesada y oleosa. Comer más dulce, ácido y salado. Evitar los alimentos secos y fríos o crudos, y lo mismo con las bebidas. Comer menos alimentos picantes, amargos y astringentes.

Los síntomas de un exceso o un nivel elevado de *vata*, aunque puedan haber otros, son: estreñimiento, insomnio, fatiga, delgadez, gases, hinchazón, descoloramiento de heces y orina, debilidad en la percepción sensorial, miedo, ansiedad mental, altos niveles de estrés, sentimiento de frío y desórdenes por deficiencia inmunológica.

Vata aumenta por: sabores picantes, amargos y astringentes y por alimentos que sean ligeros, secos y fríos.

Vata puede disminuir por: sabores dulces, ácidos y salados y alimentos que sean pesados, oleosos y calientes.

He aquí una lista de alimentos recomendados para el *dosha vata*.

- **Legumbres** – Reducir la ingesta de legumbres, pues todas ellas incrementan *vata*, excepto el *dhal mung*. El fríjol *mung* puede tomarse frecuentemente, cocinado y con hierbas digestivas. El *tempeh* (soja fermentada) y el *tofu* (queso de soja) pueden tomarse en moderación.

- **Aceites** – Todos los aceites reducen *vata*. Los mejores son el aceite de sésamo y el *ghee* (mantequilla clarificada).

- **Verduras** – Remolacha cocinada, zanahorias, espárragos, cebollas, boniatos y patatas dulces

14

son excelentes para equilibrar *vata*. Apio, okra, calabacines, calabazas, judía verde, hoja de mostaza y col rizada también son buenas opciones. Mejor evitar las verduras crudas. Intenta cocinar con un poco de *ghee* (mantequilla clarificada), aceite vegetal o mantequilla. Se pueden tomar pequeñas cantidades de especies reductoras de *vata* si están bien cocinadas.

- **Condimentos** – Pequeñas cantidades de pimienta negra, semillas de mostaza, comino, jengibre, hinojo, fenogreco, cilantro, hojas de cilantro, cúrcuma, albahaca, perejil, semilla de mostaza negra, orégano, tomillo, azafrán, canela y cardamomo equilibran *vata* cuando están cocinados dentro de las comidas. Moderado uso de guindillas y pimienta roja.
- **Cereales** – La quínoa, el arroz *basmati*, la avena y el mijo son muy buenos para equilibrar *vata*. Reducir la ingesta de centeno, cebada y maíz.
- **Frutas** – Los frutos dulces y salados son buenos para *vata*. Como naranjas, aguacates, uvas, melocotones, melones, higos frescos, papayas, bayas (moras, fresas, arándanos…), cerezas, mangos, piña dulce, manzanas, peras, palo santo, plátanos, limas, limones y pomelos.

- **Edulcorantes** - Azúcar de caña puro, jarabe de azúcar de caña, *stevia* o azúcar verde y miel son las mejores opciones para *vata*. Todos los edulcorantes sin procesar son aceptables con moderación.
- **Frutos secos** y **semillas** - Todos los frutos secos y semillas benefician a *vata* si se toman con moderación.
- **Lácteos** – Mientras no se tenga intolerancia a la lactosa, todos los productos de la leche crudos, biológicos, no homogeneizados, son buenos para *vata*, especialmente el *ghee* (mantequilla clarificada), el suero de leche y el yogur. Para aligerar la digestión, hervir la leche y tomarla caliente.

Dieta pacificadora de pitta

La estación de *pitta* es la del calor y tiempo seco. Durante este tiempo serán beneficiosos los alimentos y bebidas refrescantes. Come alimentos de sabor dulce, amargo y astringente. También frutas frescas, frutas dulces y verduras que crezcan durante la estación de *pitta*. Come pocos alimentos picantes, ácidos y salados. Evita el yogur, queso, tomate, vinagre y especias calientes, ya que todos ellos incrementan de forma considerable los niveles de *pitta*.

Los síntomas de un nivel alto o excesivo de *pitta* incluyen, entre otros: excesiva hambre o sed, sensación de quemazón en la piel, ojos o extremidades, eczemas, fiebre, color amarillento, enfermedades inflamatorias, enfado, rabia, odio, celos e impaciencia.

Pitta aumenta con: sabores picantes, ácidos y salados y con alimentos calientes, ligeros y secos

Pitta puede disminuir con: sabores dulces, amargos y astringentes y alimentos fríos, pesados y aceitosos.

He aquí una lista de alimentos recomendados para el *dosha pitta*.

- **Legumbres** – Comer especialmente *azuki,* haba de soja y *tempeh.* Todas las legumbres son beneficiosas excepto las lentejas, que pueden aumentar *pitta.* Evitar productos de soja como el *tofu.*

- **Aceites** – Mantequillas, *ghee* (mantequilla clarificada), aceite de oliva, girasol y coco son los mejores para *pitta.* Reducir el uso de aceite de almendras, maíz y sésamo ya que incrementan *pitta.*

- **Verduras** – Espárragos, col, pepino, guisantes, okra, calabacín, judías verdes, raíz de bardana, nabos, chirivías, zanahorias, brócoli, coliflor, germinados, apio y las verduras de hoja verde equilibran *pitta*. Las ensaladas crudas son excelentes para *pitta*, especialmente en verano.
- **Condimentos** - Cúrcuma, cilantro, canela, hinojo, menta y cardamomo son adecuados para *pitta*. Hay que evitar las guindillas y la cayena, que incrementan *pitta*.
- **Cereales** - Cebada, avena, arroz blanco *basmati* y espelta son equilibrantes de *pitta*. Arroz integral, maíz, mijo y centeno: tomarlos sólo ocasionalmente.
- **Frutas** – Son buenas las frutas dulces y astringentes como: uvas, cocos, cerezas, aguacate, melones, mangos, granadas, ciruelas, naranjas, pasas, manzanas, peras, arándanos y piñas. Disminuir el consumo de frutas ácidas como las aceitunas, la piña verde o los plátanos verdes
- **Edulcorantes** – Todos los edulcorantes naturales son buenos para *pitta*, pero no hay que tomar grandes cantidades de miel.
- **Frutos secos y semillas** – Hay que evitar totalmente los frutos secos. Pueden tomarse pipas

de girasol en pequeñas cantidades. Pueden tomarse semillas de cáñamo regularmente.

- **Lácteos** – Mientras no haya intolerancia a la lactosa puede tomarse leche cruda, no homogeneizada y biológica, mantequilla y *ghe*e. Todas son buenas para calmar *pitta* cuando se toman con moderación. Reducir el consumo de queso, yogur y yogur líquido ya que incrementan *pitta*

Dieta pacificadora de kapha

La estación de *Kapha* es la estación húmeda, fría y lluviosa. Durante esta época hay que comer alimentos ligeros y secos y tomar las bebidas o comidas templadas. Comer alimentos que sean picantes, amargos y astringentes. Evitar alimentos que sean dulces, salados o ácidos.

Síntomas de un alto nivel o exceso de *kapha*, aunque no los únicos, son: pérdida de apetito, pesadez en el cuerpo, manos y pies fríos, inflamación de las articulaciones, tos con mucosidad, dormir en exceso, letargo, torpeza de la mente, falta de concentración y falta de inspiración.

Kapha se incrementa con: sabores dulces, ácidos y salados y alimentos que sean pesados, aceitosos y fríos.

Kapha disminuye con: sabores picantes, amargos y astringentes y alimentos que sean ligeros, secos y calientes.

He aquí una lista de alimentos recomendados para el *dosha kapha*:

- **Legumbres**- Todo tipo de legumbres benefician *kapha*, excepto los fríjoles colorados. Reducir el *tofu*.
- **Aceites** – Evitar utilizar cantidades abundantes de cualquier tipo de aceite. El aceite de almendras y el de girasol están bien en pequeñas cantidades. El *ghee* también puede ser utilizado en pequeñas cantidades con especias.
- **Verduras** – Las verduras deben estar bien cocinados y condimentados. Todas las verduras benefician *kapha* excepto los pepinos, las berenjenas, la calabaza, espinacas, boniatos y tomates. Especialmente buenos para *kapha* son los rábanos, nabos, verduras de hoja verde oscura, apio, col y germinados.
- **Condimentos** – Evitar la sal ya que incrementa *kapha*. Todas las especies benefician *kapha*, especialmente: cayena, pimienta negra, ajo, jengibre, semillas de mostaza negra y guindillas, ya que estas incrementan el fuego digestivo

- **Cereales** – Los cereales que son más convenientes para *kapha* son: cebada, quínoa, amaranto, alforfón (trigo sarraceno), centeno y maíz. Suprimir el trigo y el arroz. El mijo sólo debe tomarse ocasionalmente.

- **Fruta** – Comer fruta ligeras y más astringentes, como el arándano agrio, los albaricoques, las bayas (moras, fresas…), las manzanas y las granadas. Los frutos secos como pasas y ciruelas son buenos para *kapha*. Suprimir las frutas pesadas, muy dulces o ácidas como: uvas, bananas, higos, naranjas, cocos, piñas, dátiles y melones, que incrementan *kapha*.

- **Edulcorantes** – La miel y la *stevia* o azúcar verde son edulcorantes adecuados para *kapha*. Los demás deberían evitarse.

- **Frutos secos y semillas** – minimizar los frutos secos. Tomar semillas de calabaza, cáñamo y girasol en moderación.

- **Lácteos** – Puede tomarse ocasionalmente leche de cabra no homogeneizada, cruda y orgánica y pequeñas cantidades de suero de leche con especias. Los individuos *kapha* deben evitar al máximo los productos lácteos.

Tabla de combinación de alimentos

Para estimular una digestión adecuada y el metabolismo, lo mejor es mantener una combinación de alimentos simple. Mezclar demasiados alimentos al mismo tiempo puede crear indigestión, hinchazón, gases y malestar. Las combinaciones inadecuadas de alimentos hacen que los alimentos fermenten en el estómago, de modo que el fuego digestivo queda sofocado y se crean toxinas. Para asegurar una correcta asimilación y evitar la sensación de hinchazón y/o cansancio después de las comidas, he aquí unos puntos a tener en cuenta acerca de combinaciones saludables de alimentos:

No comer:	con:
Legumbres	Fruta, queso, huevos, pescado, carne, yogur
Huevos	Fruta, legumbres, queso, pescado, *kitcheri* (arroz con *dhal mung*), leche, carne, yogur
Cereales	Fruta
Fruta	Cualquier otro alimento, excepto dátiles y almendras, está bien
Bebidas calientes	Mangos, queso, pescado, carne, almidón, yogur, comidas copiosas
Limón	Pepinos, leche, tomates, yogur
Melones	Cualquier otro alimento. Tomar sólo un tipode melón en la misma toma, no mezclar

Leche	Plátanos, cerezas, melones, fruta, pan, pescado, *kitcheri*, carne
Solanáceas	Pepinos, productos lácteos
Rábanos	Plátanos, uvas, leche
Tapioca y yogur	Fruta, queso, huevos, pescado, bebidas calientes, carne, leche, solanáceas, verduras de hoja verde.

Acidez y alcalinidad

Cuando el cuerpo está excesivamente ácido, hay varios síntomas que pueden manifestarse como: cansancio, artritis, indigestión, acidez en el estómago, úlceras, migraña, insomnio, tensión nerviosa y osteoporosis. La acidez crónica también acelera el proceso de envejecimiento y causa una degeneración del tejido. Una dieta predominantemente de frutas frescas y verduras, con pequeñas cantidades de cereales integrales y proteínas, promueve la alcalinidad. Comer una dieta basada en carne, alimentos procesados o un exceso de hidratos de carbono crea acidez.

Lo mejor es consumir un 80% de alimentos que alcalinicen y un 20% de alimentos acidificantes.

Alimentos acidificantes

Grasas y aceites:
Aceite de aguacate
Aceite de canola
Aceite de maíz
Aceite de linaza
Manteca de cerdo
Aceite de oliva
Aceite de cártamo
Aceite de sésamo
Aceite de girasol
Margarina
Aceites hidrogenados
Cereales:
Amaranto
Cebada
Alforfón (trigo sarraceno)
Maíz
Avena
Quínoa
Arroz
Centeno
Espelta
Kamut
Harina de Trigo
Pasta blanca

Lácteos:
Queso
Leche
Mantequilla

Huevos
Helados

Frutos secos y mantequillas:
Anacardos
Nueces de Brasil
Cacahuetes
Mantequilla de cacahuete
Pacana o nuez lisa
Paté de sésamo
Nueces

Otros
Vinagre destilado
Trigo germinado
Patatas
Todas las carnes
Alcohol
Agua tratada químicamente
Té negro
Café
Bebidas carbonatadas (bebidas con gas)
Comida enlatada
Cocinados con microondas
Chocolate
Sal yodada

Frutas
Arándanos amargos

Tomates
Batidos con leche

Medicamentos y productos químicos:
Productos químicos
Medicamentos
Pesticidas
Herbicidas

Alubias y legumbres
Judía negra
Garbanzos
Guisantes
Fríjoles rojos
Lentejas
Alubia lima
Cacahuetes
Judía pinta
Judía roja
Soja
Judía blanca
Leche de soja
Leche de arroz
Leche de almendra

Edulcorantes:
Azúcar blanco
Azúcares artificiales

Alimentos que alcalinizan

Vegetales:
Ajo
Espárragos
Verduras fermentadas
Remolacha
Brécol
Coles de Bruselas (repollo de Bruselas)
Col o repollo
Zanahoria
Coliflor
Apio
Acelgas
Chlorella o alga verde
Verduras de hoja verde
Pepino
Col rizada
Lechuga
Champiñones y demás setas
Mostaza verde
Diente de león
Cebolla
Nabos
Guisantes
Pimientos
Calabaza
Rutabaga (colinabo)
Algas y verduras del mar.
Espirulina

Calabazas tipo cucúrbita
Germinados
Alfalfa
Brotes de centeno
Brotes de trigo

Frutas:
Manzana
Albaricoque
Aguacate
Plátano
Melón cantaulope
Cereza
Coco
Dátil e higo
Uva
Pomelo
Lima
Melón dulce
Nectarina
Naranja
Limón
Melocotón
Pera
Piña
Bayas
Naranja roja
Frutas tropicales
Sandía

Proteínas:
Almendras
Avellanas
Semillas de linaza

Pipas de calabaza
Tempeh (soja fermentada)
Pipas de girasol
Mijo
Semillas germinadas
Frutos secos

Otros:
Sidra de manzana
Vinagre
Polen de abejas
Cultivos probióticos
Zumos de verduras
Zumos frescos de frutas
Leche biológica
Agua mineral
Té de hierbas (infusiones)
Té de jengibre
Té *bancha* o de tres años
Té *kombucha*

Edulcorantes:
Stevia rebaudiana o azúcar verde

Especies y condimentos:
Canela
Curry

Jengibre	Sal de mar	de soja
Mostaza	*Miso*	Todas las hierbas
Guindillas	Tamari o salsa	

Alimentos biológicos

"La Naturaleza da toda su riqueza a los seres humanos. Igual que la Naturaleza nos ayuda, nosotros también debemos ayudar a la Naturaleza. Sólo entonces la armonía entre la Naturaleza y los seres humanos puede conservarse."

– Amma

Muchos años atrás, la agricultura tradicional usaba métodos que respectaban los ritmos de la naturaleza y utilizaba sólo las sustancias que ésta misma suministraba. Desde que se inició el uso masivo en la agricultura de fertilizantes químicos, pesticidas y herbicidas, el equilibrio de la naturaleza se ha visto alterado, amenazando el bienestar del medio ambiente, no sólo el externo sino también el interno.

Muchos agricultores, al darse cuenta de estos efectos perjudiciales, han vuelto a emplear sistemas de agricultura biológica que aumentan la fertilidad del suelo y restablecen la armonía en la naturaleza. Estos sistemas incluyen la adición de compuestos naturales como abonos, estiércol de animales y preparados biodinámicos, así como rotaciones apropiadas de las cosechas. Las plantas cultivadas en un suelo equilibrado y fértil son fuertes y saludables. Resisten las enfermedades y epidemias de la misma forma que un ser humano sano y feliz resiste las enfermedades.

Los pesticidas y los fertilizantes químicos no son necesarios para la agricultura. Son muy destructivos para la vida del suelo y para la salud de las plantas. Los residuos tóxicos de los pesticidas y herbicidas se acumulan en el tejido del cuerpo humano cuando se consumen a través de la comida. Además, terminan en canales en que su impacto se extiende ampliamente por la naturaleza. En el mundo se usan más de dos millones de toneladas de pesticidas cada año.

Al alimento biológico certificado, además de estar totalmente libre de cualquier producto químico, nunca se le irradia después de la recolección. Para que los productos puedan ser certificados como "biológicos", deben haber crecido en un suelo verificado como libre de contaminación por metales pesados. Hay pruebas científicas que demuestran que la acumulación en el cuerpo de dichas sustancias tóxicas puede provocar una gran variedad de problemas de salud como: incapacidad inmunológica, cáncer, alergias, enfermedades autoinmunes, infertilidad y defectos de nacimiento. Cada año cerca de cinco millones de personas en el mundo sufren síntomas de envenenamiento debidos a los pesticidas. Además, diez mil personas mueren anualmente por estos tóxicos. Hay estudios que han demostrado que la duración de la vida de los agricultores convencionales es significativamente más corta que la de los agricultores biológicos.

Actualmente se modifican genéticamente muchos alimentos no biológicos y comerciales. Los organismos genéticamente modificados (OGM) representan un profundo peligro para los humanos así como para el ecosistema en general. Muchas especies de animales, como la mariposa monarca, se están extinguiendo por ellos. Para los vegetarianos, los OGM plantean otro problema ya que frecuentemente contienen ADN animal. Hay hipótesis de expertos según las cuales los alimentos manipulados genéticamente o transgénicos con el tiempo pueden incluso alterar el ADN humano. Como los OGM son una creación reciente, los efectos a largo plazo se desconocen.

En India y en otros países en vías de desarrollo, las compañías occidentales de OGM y pesticidas están promoviendo, de una forma agresiva y extremadamente intensa, el uso de productos químicos en la agricultura. Esto está provocando un grave agotamiento del suelo y la contaminación del agua. Muchos insectos están adquiriendo una fuerte resistencia a los pesticidas, de manera que, a veces, ni siquiera son efectivas grandes cantidades de productos químicos. Por esta razón, muchos agricultores no tienen o tienen una cosecha pequeña, año tras año. Empiezan a sentirse desesperados tras haberse endeudado profundamente con estas compañías químicas. Desgraciadamente, un gran número de agricultores indios se están suicidando ingiriendo estos pesticidas. Amma ha expresado su preocupación acerca de esta situación y está trabajando para ayudar a los agricultores y a sus familias. Cuando nosotros escogemos alimentos biológicos y no manipulados genéticamente estamos contribuyendo a poner fin a esta trágica situación.

Los alimentos con certificado biológico tienen un contenido nutricional más alto que los no biológicos, de modo que el consumidor obtiene más por el mismo dinero. Mucha gente opina que el sabor de los productos biológicos es mejor. Además, tienen mayor energía vital (*prana*) que los comerciales. En consecuencia, es evidente que comer estos alimentos constituye un paso de gran importancia hacia la salud personal y global.

El agua: fuente de vida

El agua es esencial para la vida. Nuestros cuerpos están formados por un 80% de agua. La importancia de mantener una hidratación interna puede verse cuando comparamos una pieza de fruta fresca con una pieza de fruta seca: la única diferencia está en el líquido. Sin una hidratación adecuada, el cuerpo se vuelve seco, duro y rígido. El agua aporta oxígeno, nutrientes y vida a nuestras células. Los seres humanos pueden vivir mucho tiempo sin alimentos, pero sin agua sólo pueden sobrevivir un periodo muy corto. En el momento en que nos sentimos sedientos, nuestros cuerpos están ya muy deshidratados. Adquirir el hábito de beber agua durante el día nos proporciona un aumento de energía, vitalidad y juventud.

Beber al menos de dos a tres litros de agua al día es muy importante para prevenir la deshidratación. A menudo se confunde la sed con hambre. Generalmente, beber agua elimina el ansia de comer. Sin una hidratación adecuada, los nutrientes procedentes de los alimentos no pueden asimilarse y las toxinas no pueden eliminarse completamente. La deshidratación es una de las principales causas del estreñimiento.

Bebe sólo agua pura de manantial o agua filtrada. Al añadir cerámicas EM-X o al agitar el agua de la botella, ésta se oxigena. De ese modo, el agua experimenta una reconstrucción celular oxigenando la sangre y el sistema linfático más fácilmente, a la vez que da energía a las células. En los países occidentales, el agua municipal a menudo ha sido contaminada o procesada con dañinos productos químicos que filtran los minerales de los huesos y la sangre. Estos productos químicos pueden ser la causa de problemas de salud graves, tales como desórdenes del sistema inmunológico, deterioro de las funciones neurológicas, osteoporosis, náuseas y acidez. También es mejor no beber de botellas de plástico fino, ya que el plástico contiene sustancias cancerígenas que pueden contaminar el agua.

Activando y revitalizando los alimentos

Como no siempre es posible el acceso a alimentos biológicos y agua pura, una manera de revitalizar el alimento debilitado es cantando *mantras* mientras cocinamos y antes de comer. De hecho, incluso científicamente ha sido demostrado que cantando *mantras* y orando la comida y el agua se regeneran físicamente. El Dr. Maseru Emoto, científico japonés, ha demostrado que los *mantras*, la gratitud y una actitud amorosa cambian instantáneamente la estructura celular del agua. Lo mismo ocurre con las plantas y los alimentos.

Alergias alimentarias más comunes

Un sorprendente número de problemas de salud surgen debido a alergias, intolerancias y sensibilidades alimentarias. Normalmente, los alimentos que producen más alergias son el trigo, el azúcar y los lácteos. Sólo con la eliminación de estos alimentos muchos problemas de salud pueden desaparecer. Una manera de comprobar si somos o no alérgicos o sensibles a un alimento es dejar de tomarlo de una semana a diez días, después añadirlo de nuevo a la dieta y observar que ocurre en el cuerpo. Los análisis alopáticos sobre las alergias y los diagnósticos ayurvédicos mediante el pulso también son vías efectivas para determinar la presencia de alergias alimentarias. Algunas veces la intolerancia se debe a la cantidad de alimento ingerido. Por ejemplo, algunas personas pueden sentirse bien comiendo pequeñas cantidades de trigo; pero después de consumir grandes cantidades pueden sufrir una indigestión.

La candidiasis a menudo está asociada a alergias alimentarias. Es un crecimiento excesivo de la levadura *Candida albicans*, que es parte normal de nuestra flora intestinal. Este sobrecrecimiento puede ser inducido por dietas con azúcares refinados, hidratos de carbono y levaduras, el uso de antibióticos, alcohol, estrés y ciertos medicamentos como los anticonceptivos. La candidiasis produce numerosos desórdenes intestinales, inmunológicos, neurológicos y otros. Los síntomas pueden ser: cansancio, problemas digestivos, dolor de cabeza, infección vaginal y debilidad inmunológica.

Trigo

La mitad de los seres humanos tiene sensibilidad, alergia o intolerancia al trigo. Los síntomas de esta incapacidad de asimilar el trigo son: dolor de cabeza, hinchazón estomacal, diarrea, estreñimiento, cansancio, erupciones, artritis, dolor de pecho, depresión, humor variable, eczema, mareos, dolores articulares y musculares, náuseas, vómitos, palpitaciones, psoriasis, estornudos, tos, inflamación del cuello o la lengua, dificultad para dormir y despertarse, flujo en la nariz, ojos llorosos o picores en los ojos y falta de concentración.

Enfermedades y dolencias que se ha hallado están directamente relacionadas con la sensibilidad o alergia al trigo son: artritis, arteriosclerosis, reumatismo, desórdenes inmunológicos, esclerosis múltiple, enfermedad de Alzheimer, Parkinson, síndrome del intestino irritable, cáncer de colon, cáncer de útero, cáncer de mama, linfomas, enfermedades del corazón, enfermedad de Crohn, gota, tensión de la sangre alta y ardor de estómago.

Para las personas que no tengan sensibilidad al trigo o candidiasis, éste es altamente nutritivo. Es uno de los cereales que más fortalece. Contribuye a la formación del tejido muscular y da energía para realizar esfuerzos físicos. La mejor manera de consumirlo es germinado o bien en *chapatis* (pan de forma achatada y sin levadura). Ayuda a reducir un nivel alto de *vata*, calmar la mente y fortalecer el corazón. También es muy bueno para combatir el insomnio. Como está compuesto mayoritariamente por el elemento tierra (*kapha*), los que tengan un nivel excesivo de *kapha* deben minimizar su consumo. La ingesta de trigo también debe reducirse cuando en el cuerpo hay toxinas, resfriado o congestión.

Alternativas al trigo

En la actualidad hay muchos tipos de panes como el de espelta y el de *ragi* (mijo oscuro) que carecen de trigo o de gluten. Los fideos de arroz y espelta son una maravillosa alternativa para la pasta. Muchos cereales como la avena, la quínoa, etc., son extremadamente nutritivos. En India, el *dosa* (tortilla plana normalmente hecha con harina de arroz), el *ootapam* (como una *dosa* pero con cebolla y pimiento verde picados) y el *idly* (pequeños bollitos redondos hechos de una masa fermentada de arroz y garbanzo negro al vapor) son buenas opciones sin trigo.

Azúcar

La intolerancia al azúcar procesado es muy frecuente y se manifiesta como cansancio crónico, depresión, humor oscilante, desórdenes de comportamiento y aprendizaje, mala concentración, desarreglos intestinales y dolores de cabeza. La gente a menudo desea o se vuelve adicta a aquellos alimentos a los cuales tiene intolerancia. Suele ocurrir con el azúcar; y como resultado se consume desmesuradamente.

El azúcar procesado afecta a nuestra salud de muchas maneras además de causar reacciones por intolerancia. Tiene una deficiencia significativa de valores nutricionales. Es fuente de energía, pero carente de vitaminas y minerales. En realidad, para digerir y utilizar azúcar blanco el cuerpo debe gastar sus propias vitaminas, minerales y nutrientes, especialmente potasio, magnesio, calcio y vitaminas del grupo

B. Esto puede provocar deficiencias de nutrientes cuando se consume en grandes cantidades. Un consumo significativo también se relaciona con el desarrollo de obesidad, diabetes, hipertensión y enfermedades cardiovasculares. Hay una epidemia general de estas enfermedades e incluso la gente joven está siendo afectada. También causa deterioro de los dientes. Consumir grandes cantidades puede tener un efecto negativo sobre la flora intestinal y causar disbiosis intestinal, como la candidiasis. Durante siglos los naturópatas han conocido la relación entre la salud de los intestinos y la salud del cuerpo, que ahora se está verificando científicamente. Existe un vínculo entre la salud de la flora intestinal y la función inmunológica.

La mayoría de gente consume cantidades de azúcar mucho mayores que las que el cuerpo puede utilizar como energía. En Estados Unidos se consume una media de 60 Kg de azúcar refinado por persona y año. Esto se traduce en unos 150 gramos de azúcar refinado al día por persona. Muchas veces los consumidores no son conscientes de las grandes cantidades de azúcar refinado que se esconden tras los alimentos envasados.

Alternativas al azúcar blanco

En la tradición *ayurvédica* el azúcar de caña no refinado se utiliza como tónico para rejuvenecer y contrarrestar la debilidad. A menudo se incluye como parte de fórmulas medicinales como el *chayawanprash*.

Jaggery: El *jaggery* (la extracción del azúcar de caña natural) de buena calidad es un excelente sustituto, ya que contienen muchos minerales digeribles y no concentra los niveles de azúcar en la sangre. Y también es mucho más suave para el hígado y el bazo.

Stevia: La *stevia rebaudiana* o azúcar verde es el edulcorante perfecto, además de tener beneficiosos nutrientes. Los estudios actuales muestran que incluso ayuda a mejorar la diabetes, ya que equilibra los niveles de azúcar en la sangre.

Fruta: La fruta natural y el azúcar que se extrae de ella son también una elección mucho mejor que el azúcar blanco. Sin embargo causan una gran subida de los niveles de azúcar de la sangre, por lo que los que tienen el nivel de cándidas elevado deben ser cuidadosos no consumiéndola en exceso.

Sucanat y turbinado (flor de los Andes): Éste es azúcar de caña natural puro sin refinar. Un *sucanat* de buena calidad contiene minerales y puede beneficiar el hígado, bazo y páncreas. Una vez más, los que tienen el nivel de cándidas elevado o sensibilidad al azúcar deben reducir todos los azúcares.

Azúcar de dátil y melaza negra: Ambos contienen importantes nutrientes, como el hierro.

Miel: Los dos son ricos en numerosos nutrientes y favorecen la asimilación. En *ayurveda* se dice que nunca hay que calentar la miel. Una miel cocinada se transforma en un pegamento pegajoso, una sustancia que se adhiere a las membranas mucosas y obstruye los canales densos y sutiles, produciendo toxinas. Pero a la miel sin cocinar se la considera *amrita* (néctar).

Los edulcorantes sintéticos no son buenos como sustitutos del azúcar. Los exámenes de laboratorio han probado que son neurotoxinas cancerígenas.

Leche y lácteos

La intolerancia a la lactosa afecta al menos a una de cada cinco personas. Tiene efectos semejantes a los de la intolerancia al trigo y al azúcar. A menos que se sea intolerante a la lactosa, la leche cruda, biológica, no homogeneizada, no pasteurizada puede aportar muchos beneficios para la salud. Es el procesado de la leche, no la leche por si misma, lo que provoca un desequilibrio en el cuerpo humano.

Tradicionalmente en el *ayurveda* la leche se consideraba un alimento completo y perfecto. La

consumían diariamente los *yogis* y los *rishis* para mejorar la salud. Desgraciadamente, en la actualidad, no es fácil obtener leche pura de calidad. En el pasado las vacas vagaban libremente, respirando aire fresco, pastando en hierba pura hierba, absorbiendo luz pura del sol, y se las trataba con amor y respeto.

Hoy en día, en la mayoría de granjas lecheras, las vacas se pasan la vida encerradas en espacios reducidos siendo hinchadas a base de hormonas y antibióticos, para que crezcan más y produzcan más leche. Cuando ya no pueden producir más, la mayoría de esas vacas de granjas lecheras se envían al matadero.

Actualmente, muchas compañías están utilizando grandes cantidades de hormonas de crecimiento y antibióticos en sus vacas. Incluso algunas compañías lo promueven como algo bueno para las ventas. Esto refleja una gran falta de comprensión. Se cree que el consumo de lácteos comerciales contribuye a aumentar la resistencia a los antibióticos del cuerpo humano e incrementar los desórdenes de la flora intestinal. Los efectos de ingerir hormonas de crecimiento todavía no se conocen plenamente. Hay pruebas que indican que causan efectos adversos en los sistemas inmunológico, hormonal y nervioso. Quizás puedan estar también relacionadas con el aumento de la incidencia de ciertos cánceres, en especial el de mama.

La pasteurización es un proceso de esterilización en el que los productos se someten a altas temperaturas para destruir posibles bacterias dañinas. La homogeneización opera como un conservante y alarga el tiempo de conservación. En este proceso se pierden valiosas vitaminas y se producen cambios en la estructura química de la leche. El *ayurveda* explica que en la pasteurización las enzimas de la leche se pierden. De ello resulta una mala absorción y un incremento de toxinas en el colon.

La homogeneización fue introducida en 1932. Es un proceso en el que se pasa la leche por unos filtros y tubos muy finos a 276 bares de presión y una velocidad de 183 metros por segundo. Esto separa las moléculas de grasa y las pone en una fina suspensión. De este modo, el cuerpo es incapaz de asimilar o utilizar la leche correctamente. La grasa se deposita en las paredes arteriales, formando placas arterioscleróticas. Si la arteriosclerosis avanza, puede dar lugar a ataques del corazón y derrame cerebral. Hay estudios que demuestran que las moléculas no digeribles, procedentes de la leche homogeneizada, pueden contribuir al aumento del tamaño de la próstata y al cáncer. Con la leche desnatada o leche baja en grasas la situación no es diferente: la pasteurización y la homogeneización siguen cambiando la estructura química de la leche.

Como resultado de todos estos factores, los productos lácteos comerciales pueden causar numerosos problemas, como: acidez, calambres, náuseas, diarrea, flatulencias, hinchazón, obstrucción nasal, mucosidad nasal, placas de mucosidades en el colon y una gran variedad de otros síntomas. El camino más saludable para consumir lácteos es, desde luego, tomarlos biológicos, no homogeneizados, no pasteurizados y de vacas que hayan sido tratadas con amor.

Tipos de lácteos saludables y alternativas a los lácteos

La leche no tratada, cruda, es mucho más fácil de digerir que los lácteos homogeneizados. Nutre los tejidos, los huesos y el cabello. Una buena alternativa a la leche homogeneizada es adquirir leche de vaca, cabra u oveja libre de hormonas y antibióticos y hervirla un minuto para esterilizarla sin destruir excesivamente los nutrientes. La leche cruda puede también convertirse en una forma más saludable de queso y en yogur.

Una alternativa posible para personas con intolerancia a la lactosa es tomar lácteos de cabra y oveja, ya que contienen mucha menos cantidad de lactosa. Consumidos con moderación suelen ser más fácilmente digeribles que los de vaca.

Antes de que se aplicara la homogeneización, muchas culturas utilizaban los productos de la leche como alimento básico. Tomar la leche de forma no adulterada es mucho más beneficioso para el cuerpo. No obstante, según el *ayurveda*, el consumo de lácteos debería ser distinto según el propio *dosha* (Véase más arriba en este mismo libro la sección de dietas para los *doshas.*)

El *ghee* es una mantequilla sin sal que ha sido cocinada de tal manera que salgan todas las impurezas. Puede ser almacenada sin refrigeración. Nutre todos los *dhatus* (tejidos), ayuda a mejorar la asimilación y la absorción, nutre el sistema nervioso y lubrica las articulaciones y los músculos. También aumenta las enzimas digestivas y es beneficiosa para el hígado. Es una manera saludable de tomar grasa sin aumentar el nivel de colesterol, ayudando a formar el HDL (colesterol bueno). A diferencia de muchos aceites, puede cocinarse largo tiempo sin formar radicales libres. También se puede utilizar para cocinar y comúnmente se usa en medicinas ayurvédicas como excipiente, ayudando a repartir, a un nivel profundo, los nutrientes dentro del cuerpo.

La disponibilidad de alternativas a la leche está aumentando en todo el mundo. Leches de arroz, de cáñamo, de avena y de avellanas son elaboradas como lácteos alternativos. Son excelentes opciones para aquellos que tienen intolerancia a la

lactosa. La leche de soja, aunque más habitual que otras alternativas lácteas, debe utilizarse con precaución. Muchas personas también tienen sensibilidad a la soja y pueden tener dificultad para digerirla. También se pueden obtener yogures y quesos alternativos.

¿Qué hay en tu plato?

Como las dolencias y enfermedades están aumentando rápidamente, muchas personas sienten la urgencia de realizar cambios significativos en su dieta. Hay numerosos "alimentos" que están destruyendo rápidamente nuestra salud física, mental, emocional y espiritual y que nosotros, como sociedad, consumimos diariamente. El objeto de esta sección es aumentar nuestra conciencia de manera que puedas elegir con conocimiento el combustible (el alimento) que le pones a tu vehículo (el cuerpo).

Aquí hay una lista de productos que disminuyen significativamente nuestra salud y longevidad:

- Sal procesada
- Cafeína
- Alimentos refinados
- Alimentos grasos
- Alimentos fritos
- Alimentos sin fibra
- Aditivos y conservantes químicos
- Soda y bebidas carbonatadas procesadas
- Alcohol

Sal: El *ayurveda* afirma que la sal aumenta *pitta* y *kapha* y disminuye *vata*. En pequeñas cantidades incrementa el apetito y mejora el sabor. En exceso incrementa los *doshas*, sobreexcita los nervios y debilita la digestión. En general, la mayoría de gente la consume en cantidades excesivas, refinada y en forma de cloruro sódico inorgánico.

Tanto la sal como el azúcar están escondidos en muchos alimentos procesados. Es altamente adictiva y, en exceso, causa desórdenes relacionados con *kapha* como: presión sanguínea alta, debilidad de los huesos, debilidad de los riñones, retención de agua, endurecimiento de las arterias y debilidad de los bronquios y pulmones.

Entre las sales saludables están la sal marina biológica, la sal de roca, los aminoácidos en líquido y la sal de Himalaya. Todas ellas contienen minerales solubles en agua de una forma fácilmente asimilable. Las algas marinas son una excelente alternativa a la sal procesada, ya que están llenas de rastros de minerales y minerales iónicos. Añaden el sabor salado a la dieta y a la vez alcalinizan, oxigenan y mineralizan la sangre y el cuerpo. Las algas también ayudan a eliminar del cuerpo los metales pesados y los productos químicos. Todas las algas marinas son beneficiosas: *dulse, arame, hijiki, wakame* y *kombu* se encuentran en la mayoría de tiendas de productos para la salud (tiendas naturales y dietéticas) y en los supermercados asiáticos. Otra buena alternativa es el *miso*, que añade el sabor salado y a su vez favorece la digestión y alcalinización del cuerpo.

Cafeína: La cafeína se halla en el té, el café, el chocolate y la cola. Mucha gente, aunque no la tolera, se vuelve adicta a ella. Los síntomas más comunes de esto serían: cansancio crónico, hipertensión, palpitaciones, estrés, ansiedad, humor oscilante, irritabilidad, enfado, insomnio, náuseas, indigestión, estreñimiento, diarrea y problemas de hígado y riñón. Es un estimulante que, tomado de forma habitual, por largo tiempo, a menudo agota las reservas del cuerpo, debilitando y estresando las glándulas de adrenalina, el sistema nervioso y el sistema inmunológico. Un excesivo consumo puede provocar osteoporosis y deficiencias nutricionales. Lo mejor es suprimirla, especialmente en personas con problemas de salud o de constitución sensible.

El café causa muchos más problemas que el té ya que el contenido de cafeína es más alto, así como por la presencia de otras sustancias, como metilxantinas, que pueden irritar las paredes del estómago y destruir las bacterias beneficiosa. Un té negro de alta calidad, tomado con moderación, puede ser beneficioso en ciertas condiciones. Sin embargo, un excesivo uso puede inhibir la asimilación de hierro, calcio y zinc procedentes de los alimentos, especialmente si se consume durante las comidas. El té negro debe ser especialmente evitado por los que padezcan síntomas debidos al exceso de *vata* y *pitta* como: debilidad del sistema nervioso, problemas de hígado, insomnio, déficit o desórdenes de atención, desórdenes por hiperactividad e hiperacidez.

Hay muchos sustitutos del café y el té negro. El té verde es un potente antioxidante y se ha hallado que disminuye la incidencia de ciertas infecciones y cánceres. La hierba mate, un té de hierbas procedente de Sudamérica, es también excelente. Aunque contenga un poco de cafeína, no perjudica el sistema nervioso ni el digestivo como lo hace el café. Contiene 24 vitaminas y minerales, 15 aminoácidos, abundantes antioxidantes y clorofila. Los granos de café, la achicoria tostada, la raíz de diente de león, etc. pueden también ser usadas como un sustituto para disfrutar del sabor del café sin que tengan cafeína. Muchos tés de hierbas naturales tienen numerosos beneficios para la salud y carecen de cafeína.

Una buena alternativa al chocolate es el cacao o el chocolate crudo, no procesado. El cacao es la semilla de un fruto procedente de un árbol llamado *Teobroma*, que literalmente significa "el alimento de los dioses". La semilla de cacao no contiene azúcar y está extremadamente llena de nutrientes. Cuando el cacao es procesado como chocolate, añadiendo lácteos y azúcar, pierde muchas de sus saludables propiedades. En su forma cruda tiene abundantes antioxidantes y vitaminas del grupo B, así como magnesio, que equilibra la química del cerebro y fortalece los huesos. Si el chocolate contiene sustancialmente menos cafeína que el café, el cacao contiene aún menos. Las investigaciones actuales están demostrando que el cacao crudo sirve para levantar el ánimo.

Alimentos refinados: Los alimentos refinados, como las harinas blancas y el arroz refinado, son deficientes en vitaminas y minerales. En el descascarillado se pierden muchos nutrientes. Su consumo hace que el cuerpo se quede sin vitamina B, lo que provoca fatiga. También debilitan los huesos, incrementan el nivel de azúcar en la sangre y causan estreñimiento debido a la falta fibra. Los alimentos refinados, no procesados e integrales son siempre una opción más nutritiva.

Alimentos grasos: El cuerpo humano necesita determinadas cantidades de buenas grasas para mantenerse en un equilibrio saludable. Las grasas proporcionan al cuerpo dos veces más energía que los hidratos de carbono y además son imprescindibles para la absorción de las vitaminas A, D, E y K. Los ácidos grasos esenciales son necesarios para la salud. Las grasas saturadas son las derivadas de las grasas animales y del coco. Ingerir un exceso de grasas animales puede causar altos niveles de colesterol, enfermedades del corazón, enfermedades vasculares y obesidad. Las grasas poliinsaturadas son grasas procedentes de los vegetales y son beneficiosas en las cantidades adecuadas. En exceso, pueden causar los mismos problemas que las saturadas. De todas ellas, las mono-saturadas son consideradas como las más saludables.

Las grasas hidrogenadas y los ácidos grasos trans son aceites que han sido modificados para prolongar su conservación. A temperatura ambiente se hallan en estado sólido y están a menudo en la margarina, los alimentos procesados y los fritos. Son bastante tóxicos, ya que incrementan bastante más el colesterol que las grasas saturadas. Además, generan radicales libres que son moléculas de oxígeno inestables y con valencia electrónica impar. Estas moléculas se vuelven reactivas y devastan al cuerpo al dañar severamente su estructura celular, las membranas, las grasas, las proteínas, el ADN y el ARN. Son los principales responsables del cáncer, las enfermedades del corazón, la artritis, el reuma, la gota, la degeneración cerebral, el Parkinson, el Alzheimer y la senilidad. También aceleran el proceso de envejecimiento del cuerpo. Los radicales libres se pueden contrarrestar en cierta medida con la fruta fresca, las hierbas y las verduras.

Las grasas más saludables son el aceite de coco, el *ghee*, los aceites vegetales de alta calidad y los aceites con alto contenido en ácidos grasos esenciales, como las semillas de cáñamo, de lino y el aceite de onagra vespertina. Los que tengan fuego digestivo débil, colesterol alto o desórdenes relacionados con *kapha* deben limitar el consumo de todos los aceites.

Alimentos fritos: La mayor parte de los alimentos fritos se cocinan con aceites de muy baja calidad y a temperaturas muy elevadas. A menudo se usan aceites hidrogenados que son muy dañinos para el cuerpo, como se ha dicho anteriormente. Además, los alimentos fritos aumentan los niveles de colesterol y la obesidad. Esto puede producir ataques al corazón y embolias. La comida frita destruye los nutrientes y crea indigestión, estreñimiento, acidez de estómago y muchos otros desórdenes digestivos. Es mejor eliminarla de la dieta. En especial hay que dejar de freír con aceite de canola, de cártamo, de soja o de cacahuete, ya que se vuelven rancios y cancerígenos mucho más rápido que los demás. Para freír es mejor usar *ghee* ya que no sufre ningún cambio al calentarla.

Alimentos sin fibra: La fibra alimentaria es necesaria para la alimentación humana. Disminuye el colesterol, controla los niveles de azúcar en la sangre, baja la tensión sanguínea, previene el estreñimiento, ayuda a reducir peso y reduce las toxinas del cuerpo. La cantidad diaria recomendada de fibra en la dieta en Estados Unidos es de entre 30 y 40 gramos.

Bajo contenido en fibra: pan blanco, sopas claras, pasteles, patatas fritas, pasta, zumos de fruta, todo tipo de productos animales, azúcar procesado, huevos, pizza, helados, repostería, arroz blanco, harina blanca, leche y grasas.

Alto contenido en fibra: cereales enteros o integrales, trigo (especialmente germinado), avena, maíz, cebada, mijo, quínoa, arroz *basmati*, arroz integral, todas las alubias y habas, casi todas las verduras y la mayoría de las frutas.

Aditivos y conservantes artificiales: Los aditivos artificiales se encuentran en la mayoría de los alimentos habituales. Se usan prácticamente en todos los alimentos refinados, no biológicos, en forma de conservantes, emulsionantes, agentes neutralizadores, aislantes, estabilizadores y anticoagulantes, potenciadores del sabor y colorantes. Tienen una amplia variedad de efectos conocidos potencialmente negativos para el cuerpo, como: alergias, asma, anafilaxia, migrañas, desordenes del comportamiento, trastornos por déficit de atención e hiperactividad, desequilibrio gastrointestinal, hinchazón, diarrea y cáncer.

Los principales aditivos químicos como el BHA (butil- hidroxianisol) y BHT (butil-hidroxitolueno) son agentes oxigenantes que producen toxinas en el sistema nervioso e inmunológico. Los colorantes rojos número 2 y 40 y el amarillo número 5 son agentes cancerígenos. El MSG (glutamato monosódico), algunas veces llamado "sal chinesca", está siendo disimulado en las etiquetas en términos genéricos tales como "sabores añadidos" o "sabores naturales añadidos". Incluso ha causado muertes provocadas por una anafilaxis repentina. Para cultivar una buena salud lo mejor es escoger alimentos no procesados y sin aditivos.

Bebidas carbonatadas procesadas y soda: A menudo estas bebidas están llenas de cafeína y de azúcar procesado. Se estima que en Estados Unidos la media del consumo por persona de estas bebidas es de 212 litros al año. El 56% de los menores de ocho años las consume a diario, y una tercera parte de los chicos jóvenes consumen al menos tres latas de soda gaseosa al día. Sólo unos 340 gramos de soda pueden contener 12 cucharillas de azúcar.

Incluso una dieta con sodas sin cafeína pueden estar repletas de ingredientes tóxicos. El ácido fosfórico y el aspartamo son frecuentemente componentes de la soda. El ácido fosfórico puede interferir en la absorción del calcio y puede dar lugar a osteoporosis y reblandecer los dientes y huesos. También neutraliza el ácido hidroclorídrico del estómago pudiendo obstaculizar la digestión dificultando el aprovechamiento de los nutrientes. En un estudio hecho en 1994 en la Universidad de Harvard sobre la fractura de huesos en atletas jóvenes, chicas de 14 años, encontraron una fuerte relación entre el consumo de soda de cola y las fracturas de huesos en chicas de catorce años. Las chicas bebedoras de cola sufrieron cinco veces más fracturas de huesos que las no bebedoras.

El aspartamo es un producto químico utilizado generalmente como un sustituto del azúcar en la sodas ligeras o "light". Hay más de 92 diferentes efectos secundarios asociados con su consumo, incluyendo tumores cerebrales, defectos de nacimiento, diabetes, desórdenes emocionales y ataques de epilepsia. Además, si se almacena por largos periodos de tiempo o en áreas calientes, se convierte en metanol, un alcohol que acaba transformándose en formaldehído y ácido fórmico, que son cancerígenos conocidos.

Los investigadores han descubierto que sólo dos latas de soda pueden inhibir la función inmunológica durante más de cinco horas. Los estudios científicos han demostrado que con tan sólo una o dos de estas bebidas al día puede aumentar significativamente el riesgo de contraer diversos problemas de salud, tales como: obesidad, diabetes, caries, osteoporosis, insomnio, trastornos de atención o de hiperactividad, dependencia de la cafeína, deficiencias nutricionales, dolencias del corazón y muchos desórdenes neurológicos.

Beber agua pura es la forma óptima de ingerir líquido. Las compañías de alimentos biológicos están ahora produciendo refrescos de cola natural con extractos de hierbas y azucares no procesados. Los zumos y las infusiones de hierbas también son buenos sustitutos de las sodas altamente procesadas.

Alcohol: El *ayurveda* utiliza algunas formas de alcohol como base para extraer las propiedades medicinales de algunas plantas. No obstante, un consumo regular de alcohol por diversión no se recomienda, ya que incrementa los tres *doshas*. Es altamente adictivo y, consumido en exceso, actúa como un depresivo. Daña gravemente el sistema nervioso, causando neuropatía periférica y demencia. Consume la vitamina B, daña las células del hígado, provoca cirrosis y diabetes, causa gastritis e inflamación del estómago al irritar las membranas mucosas y acrecienta desmesuradamente la cándida. Incrementa la tensión sanguínea, reduce la inmunidad y puede hacer que disminuya la masa ósea. Los efectos después de un consumo excesivo de alcohol son cansancio, dolor de cabeza, náuseas, deshidratación y estreñimiento.

Hemos sido bendecidos con un precioso cuerpo humano. Alimentemos nuestros cuerpos con alimentos saludables, para así poder servir, amar y alcanzar nuestro potencial de vida.

Comiendo de forma dhármica

"La dieta tiene una influencia considerable sobre nuestro carácter. Hijos, debéis tener cuidado de comer alimentos simples, frescos y vegetarianos (comida sáttvica). La naturaleza de la mente esta determinada por la esencia sutil del alimento que comemos. El alimento puro crea una mente pura. Sin abandonar el gusto de la lengua no se puede disfrutar del gusto del corazón".

– Amma

Salvar la vida de los animales puede salvar nuestra vida. Hay claras pruebas de que las dietas veganas y vegetarianas son las dietas más saludables. La investigación científica está actualmente demostrando que el excesivo consumo de productos animales, o sea, colesterol y grasas saturadas, producen enfermedades del corazón y cánceres. También provocan obesidad, diabetes, hipertensión, artritis, gota, piedras en el riñón y un enorme número de enfermedades. Además, actualmente, en los métodos de la industria ganadera se utiliza una excesiva cantidad de hormonas, antibióticos, fertilizantes químicos y medicamentos para incrementar la producción y aumentar de ese modo los beneficios. Los productos animales comerciales contienen un elevado nivel de herbicidas y pesticidas y, cuando los seres humanos los consumen, este veneno entra directamente en el cuerpo, intoxicándolo.

Desde los años 60 los científicos han sospechado que una dieta basada en la carne está relacionada con el desarrollo de la arteriosclerosis y las enfermedades del corazón. En 1961, un estudio publicado en la *Revista de la Asociación Médica Americana* decía: "Del 90 al 97 por ciento de las enfermedades del corazón pueden prevenirse con una dieta vegetariana". Desde entonces, bastantes estudios de prestigiosas organizaciones han demostrado que, después del tabaco y el alcohol, el consumo de carne es la mayor causa de mortalidad en Europa, Estados Unidos, Australia y otras zonas opulentas del mundo.

El cuerpo humano es incapaz de librarse de una cantidad excesiva de colesterol y grasas animales, que se acumulan en el interior de las paredes arteriales constriñendo el flujo de sangre al corazón, pudiendo conducir a una tensión sanguínea elevada, enfermedades del corazón y embolias. Las investigaciones, en los 20 últimos años, apuntan concluyentemente a que hay un vínculo entre comer carne y los cánceres de colón, recto, pecho y útero. Un artículo en *The Lancet,* la revista médica del Reino Unido, afirma: "Las personas que viven en zonas con un alto índice de carcinoma en el colón suelen vivir con una dieta rica en grasa y proteína animal; mientras que los que viven en zonas de baja incidencia suelen llevar dietas vegetarianas con poca grasa o componente animal".

¿Por qué los que comen carne son más propensos a estas enfermedades? Una razón dada por los biólogos y nutricionistas es que el tracto intestinal humano simplemente no es el apropiado para digerir la carne. Los animales carnívoros tienen un tracto intestinal corto, tres veces la longitud del cuerpo, descomponen en poco tiempo las toxinas producidas por la carne y las expulsan rápidamente fuera. Dado que los alimentos vegetales se descomponen más lentamente que la carne, los herbívoros tienen los intestinos al menos de seis veces la longitud del cuerpo. Los seres humanos tienen la longitud del tracto intestinal como los herbívoros.

Otro punto sobre la carne es la contaminación química. Tan pronto como el animal es muerto para su consumo, su carne se pudre y en pocos días se vuelve de un repulsivo color gris verdoso. La industria de la carne oculta esta decoloración añadiendo nitritos, nitratos y otros conservantes, que le dan un color rojo brillante. Pero los estudios actuales demuestran que la mayoría de estos conservantes son cancerígenos. Y además, acentuando el problema, tenemos las enormes cantidades de productos químicos con los que se alimenta el ganado. Gary y Steven Null, en su libro *Los venenos en tu cuerpo* nos muestran algo que debería hacernos pensar a todos antes de comprar otro filete o jamón: "Los animales se mantienen vivos y engordados por la continua administración de tranquilizantes, hormonas, antibióticos y otras dos mil setecientas drogas más. El proceso empieza incluso antes del nacimiento y continúa hasta después de su muerte. Si bien estas drogas estarán presentes en la carne cuando la comes, la ley no exige que se detallen en el etiquetado".

En cuanto a la cuestión de la proteína: el Dr. Paavo Airo, una destacada autoridad en el campo de la nutrición y la biología natural, dice esto: "La recomendación oficial diaria de proteínas ha ido bajando desde los 160 gramos recomendados veinte años atrás hasta sólo 45 gramos hoy. ¿Por qué? Porque la investigación mundial fidedigna ha demostrado que no necesitamos demasiada proteína, que la verdadera necesidad diaria es de tan sólo entre 35 y 45 gramos. La proteína consumida en exceso, por encima de la cantidad diaria necesaria, no es sólo un despilfarro sino que puede dañar el cuerpo, y su digestión requiere de un gran esfuerzo. Para obtener estos 45 gramos de proteína al día para tu dieta no necesitas comer carne; puedes conseguirla fácilmente con una dieta 100% vegetariana, rica en cereales, lentejas, frutos secos, verduras y frutas".

Uno de los fundamentos del *ayurveda* es *ahimsa* (la no violencia). Matar animales para comer no es sólo violencia para el animal; además daña el medio ambiente y a todos los seres humanos que pasan hambre en el mundo. Hace que siga existiendo el sufrimiento. Una cantidad considerable de personas no considera el pescado como carne. Los peces, en realidad, son animales y pueden sentir dolor cuando los matamos. Cuando se mata un animal, éste libera hormonas del miedo y otras toxinas en su cuerpo, que después serán ingeridas y absorbidas en el cuerpo del comedor de carne. Esta vibración emocional negativa se adherirá al campo humano de conciencia. Además, la carne está muerta y completamente desprovista de *prana* (fuerza de la vida). Según el *ayurveda*, la carne crea *tamas* (embotamiento y oscuridad) en la mente y en el cuerpo.

Albert Einstein dijo: "Nuestra tarea debe ser liberarnos a nosotros mismos ampliando nuestro círculo de compasión para abrazar a todas las criaturas vivientes y a la naturaleza entera y su belleza. Nada beneficiará tanto la salud del ser humano e incrementará sus posibilidades de supervivencia en la tierra como la evolución hacia una dieta vegetariana".

En el antiguo poema épico de India llamado el *Mahabharata*, aparecen numerosas citas en contra de matar animales: "¿Quién puede ser más cruel y egoísta que el que aumenta su propia carne comiendo la carne de animales inocentes? Los que deseen tener buena memoria, belleza, larga vida con buena salud y fuerza física, moral y espiritual, deben abstenerse de comer animales".

Junto a lo que se refiere a la salud y a lo ético, el estilo de vida vegetariano y vegano tiene una importante dimensión espiritual, que nos puede ayudar a desarrollar nuestro amor y reconocimiento naturales a Dios.

Acabando con el hambre en el mundo

"El que tiene fe y devoción hacia Dios, que emana de nuestra inocencia innata, ve a Dios en todo, en cada árbol o animal y en cada aspecto de la Naturaleza. Esta actitud nos permite vivir en armonía y sintonía con la Naturaleza. No está bien que despilfarremos por nuestra falta de cuidado y atención. Cada objeto de la creación

ha sido creado para ser usado; cada objeto de la creación tiene una finalidad determinada."

– Amma

Muchas personas se vuelven vegetarianas por razones medioambientales o socioeconómicas. Nuestra Madre Tierra tiene recursos limitados recursos que hay que usar de manera sabia y consciente. Seguir una dieta vegetariana es una de las mejores maneras de conservar los recursos naturales y mantener un equilibrio económico. La carne alimenta a unos pocos a costa de muchos. Por producir carne, cereales que podrían utilizarse para alimentar a la gente se usan para la ganadería.

Según la información recopilada por el Departamento de Agricultura de los Estados Unidos, más del 90 % de los cereales producidos en Estados Unidos se destinan a alimentar el ganado (vacas, cerdos, ovejas y gallinas) que terminará en las mesas de las casas. Además, en este proceso de usar cereales para producir carne, se desperdicia una gran cantidad de comida. Las cifras muestran que por cada siete kilogramos de alimento que se le suministra al ganado sólo se obtienen 0,453 kg. de carne.

En el libro "Una dieta para un pequeño planeta", Frances Moore Lappe nos pide que nos imaginemos sentados frente a un filete de carne de 227 gramos. "Luego imagina la habitación con unas 45 a 50 personas, con platos vacíos frente a ellos. Por el costo de tu filete, se podrían llenar todos sus platos con una ración completa de algún tipo de cereal cocinado".

Los países ricos no sólo gastan sus propios cereales alimentando animales, sino que también usan la comida de más alto contenido proteico de las naciones más pobres. El Dr. George Borgstrom, una autoridad en la geografía de los alimentos, estima que más de una tercera parte del cultivo de la nuez africana (una gran fuente de proteínas) termina en los estómagos del ganado y las aves de la cocina europea.

En países no desarrollados una persona normal consume alrededor de 180 kg. de cereales año. En contraste con estas cifras y según declaraciones de Lester Brown, autoridad en temas de alimentación mundial, la media anual para una persona que consume carne es de 907 kg. de cereales al año, y más del 90 % de esta cifra se destina a alimentar animales. Nos dice Brown que un comedor de carne medio gasta cinco veces más recursos naturales que un vegetariano común. Hechos como estos son los que han impulsado a los expertos a darse cuenta que el hambre en el mundo es, en realidad, un problema innecesario. Incluso ahora, estamos produciendo más que suficientes alimentos para todos en el planeta, aunque desgraciadamente los malgastemos. Jean Mayer, nutricionista de Harvard, estima que si tan sólo redujéramos la producción de carne en un 10 %, esto sería suficiente para alimentar a 60 millones de personas.

Agotando los recursos

"Sólo después que el último árbol haya sido cortado,
que el último río se haya contaminado,
que el último pez haya sido pescado,
sólo entonces nos daremos cuenta de que
el dinero no se puede comer".

Profecía Cree

- Una hectárea de terreno puede producir 9.000 kilogramos de patatas. Este mismo terreno sólo puede producir 75 kilogramos de carne.
- Se necesitam 7 kilogramos de cereales para producir 0,453 kilogramos (1 libra) de carne.

- Más de la mitad del cultivo de cereales está destinado a alimentar ganado.
- Se necesitan tres hectáreas y media para mantener una dieta carnívora, una y media para una dieta ovo-lácteo-vegetariana y un sexto de hectárea para una vegana.
- Aproximadamente se utilizan 9.500 litros de agua para producir sólo 0,5 kilogramos de carne. Se necesitan 15.200 litros de agua para producir la cantidad de comida necesaria, por persona y día, para una dieta basada en la carne, 4.500 litros para la de un ovo-lacto-vegetariano y 1150 litros para las de un vegano.
- Los países en vías de desarrollo utilizan predominantemente sus tierras para producir carne que va a los países más ricos, en vez de utilizarlas en prácticas de agricultura sostenible.
- Para seguir apoyando la ganadería, América central y Sudamérica están destruyendo sus bosques, que contienen cerca de la mitad de las especies que hay en la tierra, incluyendo miles de plantas medicinales. Cada año se extinguen más de mil especies, la mayoría de las cuales proceden de los bosques o de un medio tropical y se destinan a la industria de la carne. Esta práctica está provocando rápidamente el

desplazamiento de las comunidades indígenas, que han vivido allí armónicamente durante miles de años. Y, por otro lado, esto está contribuyendo al calentamiento global.

- Por cada hectárea de bosque que se corta para el ser humano, se cortan siete para alimentar el ganado. Esta política está destruyendo rápidamente los pocos bosques que quedan.

- La primera capa del suelo fértil es la parte oscura y rica que provee los nutrientes de la comida que cultivamos. Para crear una pulgada (2,54 cm) de esta primera capa de suelo fértil hacen falta más de 500 años. Este suelo está desapareciendo rápidamente por la devastación de los bosques para mantener la ganadería.

- El agua también está siendo contaminada por los múltiples productos químicos utilizados en la ganadería. Por este envenenamiento de nuestros recursos de agua dulce, nos estamos quedando sin agua potable limpia.

Vitaminas y nutrientes

A muchas personas se les ha condicionado con la creencia de que sólo pueden obtener suficientes proteínas, vitaminas esenciales, minerales y nutrientes, si comen carne o productos animales. En realidad, gran cantidad de fuentes de alimento ofrecen una gran variedad de opciones nutricionales adecuadas. La Madre Naturaleza brinda una gran abundancia de fuentes nutricionales vegetales.

Proteínas: La combinación de cereales y legumbres nos proporciona la totalidad de los aminoácidos esenciales necesarios para sintetizar cualquier proteína. En el *ayurveda* existe un plato tradicional llamado *kitcheri* que es la combinación de arroz *basmati* con lentejas amarillas (*mung dhal*), que ofrece una proteína completa. La proteína también puede obtenerse mediante de semillas de cáñamo, cereales, productos hechos con cereales, frutos secos, semillas, habas, alubias, lentejas, col o repollo, las hojas de la remolacha, lácteos biológicos, espirulina y todos los vegetales llamados "superalimentos" por su alto contenido en fitonutrientes. El *ragi* (mijo oscuro) y la quínoa son cereales particularmente ricos en proteínas. Las plantas, sobre todo las verduras de hoja verde, y los alimentos marinos, como las microalgas, contienen gran cantidad de aminoácidos que construyen las moléculas de proteína. También los polvos de arroz y cáñamo son una manera fácil de asimilar proteína concentrada. Los productos de soja también la contienen, pero hay que tener cuidado ya que a veces son difíciles de digerir debido a que en su mayor parte han sido genéticamente modificados y muy procesados. El *tempeh*

es una presentación de soja que muchas personas consideran más fácilmente digerible. Los huevos no son recomendados generalmente en *ayurveda* por razones kármicas y porque incrementan *pitta* y *kapha*. También incrementan los niveles de colesterol en la sangre y debilitan el fuego digestivo. Casi todos los huevos que no son biológicos certificados se producen en granjas industriales. Si eliges consumirlos, trata de evitar que sean de esas granjas ya que provienen de gallinas que han sido sometidas a un intenso sufrimiento.

Vitamina B12: Es responsable de la producción de glóbulos rojos y de conservar la salud del sistema nervioso. Esta vitamina les falta a menudo a los vegetarianos y veganos, ya que se encuentra en altas concentraciones en la carne. También puede obtenerse en las algas, las microalgas, la espirulina y la soja. A la mayor parte de los alimentos veganos y vegetarianos comerciales se les añade vitamina B12. Las levaduras, diferentes clases de copos, hamburguesas, salchichas y carnes vegetales, cereales y la leche de arroz, cáñamo o almendra son buenas fuentes de vitamina B12.

Vitamina D: Regula la absorción y la excreción de calcio, especialmente cuando su nivel es bajo. Se encuentra sólo en los pescados, los huevos y en pequeña cantidad en los productos lácteos. Está muy concentrada en los copos nutricionales. Al igual que con la vitamina B12, la mayor parte de los productos veganos y vegetarianos están fortalecidos con suficiente vitamina D. La fuente principal de vitamina D es el sol, y tomar el sol de 10 a 15 minutos dos o tres veces por semana, por la mañana o por la tarde, es suficiente para obtener la cantidad necesaria.

Calcio: Es el responsable del crecimiento y conservación de los huesos, el pelo, las uñas, la piel y las articulaciones. Existe la creencia errónea de que la leche y los productos lácteos son la mayor fuente de calcio. Los estudios actuales indican que la inestabilidad de las proteínas presentes en la leche homogeneizada puede, de hecho, disolver los minerales del cuerpo, incluyendo el calcio. En una investigación de doce años realizado por la Universidad de Harvard en el que participaron 78.000 mujeres, se les suministraron dos vasos de leche pasteurizada y homogeneizada al día y resultó que, en comparación con las que sólo bebieron un vaso al día o ninguno, tenían un riesgo significativamente más alto de fracturas de cadera o de huesos. Esto muestra que la leche homogeneizada no previene la descalcificación ósea. Además, se ha visto que en países donde los productos lácteos no forman parte de la dieta básica, la gente tiene una tendencia mucho menor a padecer osteoporosis.

Las semillas de sésamo, especialmente en forma de *tahini* (paté de sésamo) negro, tienen la más elevada concentración de calcio. Las fuentes vegetales de calcio absorbible son: los vegetales de hoja verde, frutos secos, semillas, nueces, *ragi* (mijo oscuro), así como la leche/desayunos, etc. de cereales, que están reforzados con calcio.

Hierro: La deficiencia de hierro puede repercutir en palidez de la piel, uñas quebradizas, cansancio, debilidad de la sangre y de los huesos, respiración entrecortada, desordenes menstruales, cambios de temperatura en el cuerpo, pérdida del apetito, apatía y anemia. El azúcar procesado y el artificial, los productos lácteos homogeneizados, el café y el té negro bloquean la absorción del hierro. La vitamina C incrementa la absorción del hierro. Buenas fuentes de hierro son: todas las habas, alubias, semillas de calabaza, melazas negras, dátiles, uvas pasas, cereales y algas.

Lo ideal es poder satisfacer las necesidades nutricionales comiendo alimentos puros e integrales. En algunas situaciones, cuando esto no es posible, puede que se requiera el uso de suplementos. Todas las vitaminas y minerales enumerados anteriormente también pueden encontrarse en forma de suplementos. Pero es importante tener cuidado, ya que muchos de los suplementos que se encuentran en el mercado están hechos con aglutinantes y rellenos que impiden la absorción de minerales y vitaminas. Por eso, siempre es aconsejable revisar la procedencia de sus ingredientes y también tener en cuenta que, en algunos casos, puede ser necesario tomar una dosis mayor que la prescrita en el producto. Las vitaminas y minerales se asimilan más fácilmente en forma liquida, ya que se absorben directamente en el sistema circulatorio. Los vegetarianos quizás quieran evitar el uso de suplementos que contengan gelatina ya que ésta proviene de las patas de animales como cerdos y caballos.

Productos para el cuidado del cuerpo y la limpieza doméstica

La piel es el órgano más grande del cuerpo y absorbe de manera inmediata cualquier sustancia que entra en contacto con ella. Los ingredientes de los productos que utilizamos, una vez absorbidos por la piel, se dirigen directamente a la linfa y a la sangre y desde allí a todos los órganos, especialmente al hígado. A menudo, en muchos de los productos comerciales para el cuidado del cuerpo hay escondidos productos químicos tóxicos, conservantes, azúcar procesado y otros ingredientes artificiales. Los productos para la limpieza de la casa también contienen normalmente productos químicos dañinos que penetran no sólo por la piel sino también por el sistema respiratorio cuando inhalamos sus vapores. Para una salud óptima es sensato utilizar productos 100 % naturales, tanto para el cuerpo como para la casa.

Algunos ingredientes marcados como "derivados de fuentes naturales" pueden contener productos químicos perjudiciales que no proceden de la naturaleza sino que son el resultado de un proceso de refinado. En las etiquetas de muchos cosméticos o en productos para el cuidado de la piel y la limpieza doméstica, los ingredientes están escritos en lenguaje químico. Muchas de las compañías conocidas de champúes o productos de limpieza "natural" o "de hierbas" aún utilizan estos productos químicos perjudiciales como ingrediente activo principal. Tómate el tiempo de leer la etiqueta del producto y evita el uso de estos ingredientes dañinos, que se encuentran habitualmente en las pastas de dientes, champúes, acondicionadores, desodorantes, jabones, lociones, protectores solares, maquillajes, productos para la higiene e incluso algunas veces en la comida.

Acetona: Es una neurotoxina y un potente irritante de la piel y los ojos, causando además efectos adversos en los sistemas respiratorio y nervioso.

Aluminio: Ingrediente muy común encontrado en los desodorantes e incluso en algún alimento, como la levadura en polvo. Aumenta la toxicidad de la linfa y se cree que es un factor que contribuye al cáncer de mama. También está directamente relacionado con el deterioro neurológico y enfermedades como el Alzheimer y el Parkinson.

Colores artificiales: Se ha demostrado que causan cáncer cuando se aplican sobre la piel. En ocasiones estos colores artificiales contienen residuos de metales pesados, como arsénico y plomo, que son cancerígenos.

Butil hidroxianisol (BHA) y butil hidroxitolueno (BHT): Presentes tanto en alimentos como en productos para el cuerpo, son cancerígenos y capaces de corroer el metal. Pueden causar dermatitis e irritación en los ojos y la piel.

DEA o MEA (dietanolamida y monoetanolamida) de los ácidos grasos del coco y DEA de los ácidos oleicos: Son irritantes tanto de la piel como de los ojos. Se está demostrando que el contacto repetido sobre la piel de detergentes que tienen como base DEA provoca un aumento de la incidencia del cáncer de hígado y riñones.

Formaldehído: Se usa en miles de cosméticos y se sabe que causa irritación de los ojos, la nariz y la garganta, tos, ataques de asma, respiración entrecortada, náuseas, vómito, erupciones en la piel, hemorragias de nariz, dolores de cabeza y mareos. Además, debilita gravemente el sistema inmunológico.

Fragancias: Es un término que se refiere a una amplia gama de ingredientes. Muchas de estas "fragancias" causan defectos de nacimiento, dificultades de procreación y problemas de hígado en los laboratorios de animales. Los fabricantes no están obligados a mencionar los componentes usados en las fragancias, pero entre ellos se encuentran el cloruro de metileno o diclorometano, tolueno, metil-etilcetona o butanona, metil-isobutilcetona, etanol o alcohol etílico y cloruro de benzolio, que son perjudiciales para la salud y pueden ocasionar alergias.

Aceite mineral, petrolato, cera o aceite de parafina, parafina líquida y parabenos (metil, propil, butil): Son productos derivados del petróleo, ya sea puro o en forma de aceite. Dañan la protección inmunológica natural de la epidermis, impiden la eliminación de toxinas, causan acné y provocan desordenes en la piel, incluyendo el envejecimiento prematuro.

Propilenglicol (PG) (Propano-1,2diol): Es un ingrediente activo de los anticongelantes, un derivado del petróleo que debilita la estructura celular. Es lo suficientemente fuerte como para arrancar los percebes de los barcos, y produce irritación en los ojos, la garganta, el tracto respiratorio y la piel. Como el aluminio, se suele usar en los desodorantes, y el PG detiene el proceso de transpiración natural del cuerpo. Esto hace que las toxinas permanezcan en la linfa y favorece el cáncer de mama.

Lauril éter sulfato sódico (SLES): Presente en casi todos los champúes, puede ocasionar irritación de los ojos, del cuero cabelludo e hinchazón de manos, brazos y cara. Suele estar contaminado con dioxina, un conocido cancerígeno. El SLES que hallamos en nuestros jabones es el mismo que encontramos en un túnel de lavado de coches o incluso en un garaje, donde se usa para desengrasar los motores de los coches. Se cree que es el causante de muchos problemas de salud, desde síntomas premenstruales y de menopausia hasta la disminución de la fertilidad masculina o el aumento de la predisposición al cáncer en la mujer.

Ayuno para la salud

Como nuestros cuerpos están siendo usualmente bombardeados con toxinas en este mundo moderno, ayunar es una manera excelente de eliminarlas. El *ayurveda* considera el ayuno como una de las formas más potentes de curación, ya que puede eliminar la semilla de la enfermedad disolviendo las toxinas almacenadas. Esta acumulación de toxinas es, de hecho, el primer estadio de la enfermedad en los desórdenes patológicos.

A las personas que disfrutan de buena salud, Amma les recomienda ayunar una vez por semana. Esto le da al cuerpo tiempo para limpiarse, reavivar el fuego digestivo y estabilizar el metabolismo. Como reduce las toxinas del cuerpo, proporciona mayor claridad mental y fuerza física. Ayunar es la manera ideal de ayudar al cuerpo a combatir la enfermedad, especialmente los resfriados, virus e infecciones. Lo mejor es empezar a tomar alimentos más ligeros, e incluso ayunar completamente, a la primera señal de enfermedad. Esto le dará al cuerpo un inmenso poder para rejuvenecerse. Lo mejor es el ayuno con agua; pero, si no se puede, se pueden tomar infusiones de hierbas, zumos o agua de coco.

Amma también señala que el sistema digestivo es como una máquina que, a menos que ayunemos, nunca consigue descanso. Cualquier aparato que trabaje sin parar las 24 horas del día durante años tenderá a romperse tarde o temprano. Ayunar una vez por semana da al sistema digestivo su necesario día de descanso.

Los largos periodos de ayuno deben realizarse bajo la supervisión de un médico, ya que las comidas ingeridas antes y después de un largo tiempo de ayuno ejercen un fuerte impacto sobre el cuerpo.

Sugerencias para la dieta durante el panchakarma

El *panchakarma* es un método *ayurvédico* de limpieza profunda en el ámbito celular. *Panchakarma* significa "cinco acciones". Este proceso elimina toxinas de ambos cuerpos, el físico y el sutil. Tiene un gran poder y un efecto desintoxicante y rejuvenecedor de los huesos, los nervios, los músculos, los sentidos y la mente.

Es esencial llevar una dieta adecuada durante el *panchakarma*. Como el cuerpo está experimentando una gran transformación, una buena dieta es fundamental para favorecer este proceso. Asimismo, una dieta inadecuadada puede repercutir en el proceso de desintoxicación e incluso hacer que las toxinas existentes se arraiguen más profundamente.

La dieta ideal para apoyar el tratamiento consiste en comidas ligeras, nutritivas y fáciles de digerir, como las verduras y el *kitcheri*. Es mejor no comer después de las seis de la tarde ya que el fuego digestivo es menor a esta hora. La comida consumida por la noche no se digiere y forma toxinas (*ama*); pero, si es realmente necesario comer a esas horas, se puede tomar agua de arroz (*kanji*) o caldo vegetal.

Las siguientes recomendaciones están destinadas a servir de apoyo para las personas que estén haciendo un tratamiento de *panchakarma* bajo la supervisión de expertos.

Alimentos que ayudan en el proceso de purificación:

- *Kitcheri* (*mung dhal* con arroz *basmati* cocinados con *ghee* y especies ligeras).
- Verduras al vapor o cocinadas sin especies durante un breve tiempo.
- Sopa ligera de verduras.
- Tomar un mínimo de dos a tres litros de agua diarios para favorecer la expulsión de toxinas.
- Beber agua de coco, y, con moderación, su carne tierna (gelatina) está bien.
- Tomar *ghee* con la comida: 1cucharadita de té para *kapha* y *vata* y 1,5 para *pitta* por comida, como máximo.
- Papillas de cereales que no sean trigo, como avena o *ragi* integrales.
- *Idly* o *dosa* (platos típicos del sur de la India) sin acompañamiento.
- Agua de arroz (*kanji*).
- Infusiones de plantas: *Tulasi* (una especie de albahaca), jengibre, cardamomo, canela y otras infusiones según tu *dosha*.
- Zumo de uva sin azúcar.

Comidas que se pueden tomar con moderación durante el panchakarma.

- Limita los zumos de naranja, piña y granada (sin azúcar)
- El suero de leche (*buttermilk*) está bien una o dos veces por semana.
- Limita el consumo de frutos secos (almendras crudas, peladas, remojadas y sólo 10 al día). No frutos secos para *pitta*.
- Limita los alimentos salados y picantes (ajos, cebollas y guindillas).
- Limita los alimentos ácidos (*pickles* o encurtidos, vinagre y cítricos).

Comidas que hay que evitar totalmente durante el panchakarma

- Productos lácteos como leche, yogur, *chai* (té negro con leche y especias), mantequilla, etc., ya que obstruyen los canales e impiden la desintoxicación.
- Alimentos fritos.
- Azúcar procesado.
- Té, café y estimulantes.
- Comida muy picante.

- Alimentos muy fríos como helados, refrescos, soda, agua y zumos.
- Huevos, quesos y productos de soja.
- Productos basados en el trigo y la levadura, como el *uppuma* (potaje espeso a base de trigo triturado con un poco de verduras fritas y especias), pan, pasta, productos de bollería y galletas.
- Comida cruda.
- Vegetales que alteran *vata* (coliflor, brócoli, col o repollo y garbanzos.)
- Hortalizas de la familia de las solanáceas (patatas, tomates, berenjenas, pimientos verdes).
- Champiñones y demás setas.
- Cacahuetes y mantequilla de cacahuete.

Nota: Estas recomendaciones son generales y no son específicas para un determinado *dosha*. Quizás sea necesario modificar alguna de estas reglas al aplicarlas a tus necesidades individuales.

Comiendo con conciencia

"Nunca comas demasiado. La mitad del estomago debe ser para comida, un cuarto para liquido y lo restante para el movimiento del aire. Cuanto menos comas, más control mental

tendrás. No duermas o medites después de comer; si lo haces, no podrás hacer la digestión adecuadamente. Repite siempre mentalmente tu mantra mientras comes. Esto purificara los alimentos y tu mente al mismo tiempo".

– Amma

El entorno en donde comemos, los pensamientos que tenemos mientras comemos y nuestra conducta habitual durante la comida afectan nuestra salud tanto como lo que comemos. El *ayurveda* recomienda comer en un lugar limpio y tranquilo, en un ambiente calmado. Antes de empezar tómate un momento para dar gracias por la comida, aquieta tu mente y céntrate en el momento presente. Trabajar, leer, ver televisión o hablar de manera excesiva mientras se come distrae el cuerpo y la mente de la digestión. Comer en momentos de inestabilidad emocional y estrés impide la digestión, mientras que comer comida preparada con intención amorosa incrementa la vitalidad. El proceso digestivo comienza en la boca. Como dijo el Mahatma Gandhi: "Mastica la bebida y bebe la comida". Si se mastican los alimentos hasta que se vuelvan líquidos, hará falta menos energía en el estomago.

Cuánto comemos y el momento en que lo hacemos también afecta enormemente nuestro bienestar. Amma insiste constantemente en que no debemos derrochar comida. Es mejor empezar con poca cantidad en nuestro plato que tener que tirar comida después. Es mejor no comer inmediatamente después de hacer ejercicio o cuando no se tiene apetito. Los órganos funcionan de manera distinta en diferentes momentos del día. El cuerpo puede asimilar mejor el desayuno de 6 a 8 de la mañana, el almuerzo de 10 a 2 del mediodía y la cena de 5 a 7 de la tarde. Es importante dejar suficiente tiempo para la digestión antes de volver a comer de nuevo. El *ayurveda* sugiere dejar aproximadamente de 3 a 6 horas entre las comidas.

Cuando comemos a partir de las 7 de la tarde el cuerpo ya ha dejado de producir la mayoría de las encimas digestivas, por lo que el alimento ingerido después de esta hora permanece en el estómago toda la noche sin ser digerido, impidiendo a los demás órganos revitalizarse completamente. Estos alimentos no digeridos se convierten en toxinas y nos hacen sentir cansados y pesados a la mañana siguiente. Saltarse la cena es una de las mejores maneras de regular el metabolismo del cuerpo, equilibrar su peso y ayudarle a que se regenere rápidamente. Si te sientes extremadamente hambriento por la noche, toma un caldo ligero de verduras o una infusión de hierbas. La mayoría de las personas siente mayor claridad y energía al día siguiente si cenan menos.

Lo que bebemos con las comidas también desempeña un papel importante en el proceso de la digestión. El consumo de bebidas frías o heladas en cualquier momento extingue el fuego digestivo. Beber durante las comidas diluye las enzimas digestivas. Es mejor no beber durante las comidas; pero si tienes que tomar algún líquido es mejor que sea agua tibia o a temperatura ambiente o una infusión de hierbas entre 10 y 15 minutos antes de comer o bien media hora después. Beber al final de las comidas impide una buena digestión. Evitar comer cuando se está sediento y beber cuando se está hambriento.

El *ayurveda* recomienda estructurar cada comida para incluir los seis: dulce, ácido, salado, amargo, picante y astringente. Cada sabor tiene su propio efecto armonizador, e incluir algo de cada uno minimiza el deseo de comer y equilibra el apetito y la digestión. La mayoría de personas tiende a comer demasiado de los sabores dulces, ácidos y salados y no lo suficiente de los amargos, picantes y astringentes. Al utilizar especies variadas se pueden realizar comidas sencillas a la vez que se equilibran los seis sabores.

Cuando pensemos qué comer, escogeremos alimentos que sean sáttvicos, integrales, frescos, de la estación y siempre que sea posible que crezcan en la zona. Evitar comer demasiados alimentos pesados o poco ligeros. El consumo excesivo de alimentos picantes produce debilidad, y el consumo excesivo de comida fría y seca provoca malas digestiones. Cocinar demasiado los alimentos destruye los nutrientes y reduce su vitalidad. Recalentar la comida o dejarla al aire libre sin tapar durante largo rato también desvitaliza la comida.

Además de empezar las comidas con conciencia es aconsejable terminarlas con atención. Come unas tres cuartas partes de tu capacidad. No abandones la mesa ni con mucha hambre ni con el estómago demasiado lleno. Después de comer, tómate unos minutos para sentarte tranquilamente antes de volver a la actividad.

Alimentos para curar enfermedades

Hay una verdad profunda en la conocida frase "Que el alimento sea tu medicina". La siguiente tabla proporciona sugerencias muy básicas de dietas como remedio para distintas enfermedades. Esta tabla no lo incluye todo. Es simplemente una lista de alimentos que son beneficiosos para personas que viven en las condiciones mencionadas. Es obvio que tomar estos alimentos en combinación con un régimen de hierbas medicinales es aún más beneficioso.

Enfermedad	Alimentos curativos.
Acné	Zanahoria, patatas, espinacas, bardana, uvas, algas, remolacha, pepino.
Alergias	Miel (local/cruda), zanahoria, remolacha, espinacas, apio, cayena, uvas, ortigas, ajo, cebolla, moras, jengibre, rábano picante. Evita lácteos, trigo, azúcar procesado, productos químicos artificiales y alimentos procesados.
Anemia	Remolacha, zanahoria, dátiles, vegetales de hoja verde, bayas (arándonos, moras, fresas …), arroz integral, granada, bardana.
Artritis	Arroz *basmati*, *dhal* con ajo, encurtido de ajo, leche con cúrcuma, *kitcheri*, vegetales de hoja verde oscura al vapor, algas, "superalimentos" verdes.
Asma	*Dhal* (legumbre partida), uvas, sopa de brócoli con ajo, mostaza, comino, pimienta, leche de jengibre.
Azúcar alto, nivel de (hiperglucemia)	Lentejas, vegetales de hoja verde oscura, habas, alubias, cayena, canela, cúrcuma, bardana, *daikon*, rábanos, algas, "superalimentos" verdes. Reducir la fruta.
Cáncer	*Tulasi*, té essiac (ver www.essiac.net), zumos de verduras frescas, zumos de fruta fresca, cúrcuma, orégano, bayas, bardana, perejil, cilantro, daikon (nabo japonés), ortigas. Evita carne, grasas, comidas procesadas.
Cándida	Ajo cocinado, vegetales de hoja verde oscura, algas. Elimina los lácteos, el trigo, el azúcar blanco y la levadura.

Colesterol alto	Aguacates, avena, alfalfa, cereales integrales, manzanas, aceite de semilla de cáñamo, higos, ajo.
Diabetes	Mijo, maíz, vegetales de hoja verde, melón amargo, arándanos, bayas, okra, cúrcuma, habas, alubias, laurel, *tulasi*, canela, clavo, comino, cilantro. No trigo ni arroz.
Diarrea	Arroz, plátanos verdes, cereales.
Disentería	Lo mismo que para la diarrea con un poco de nuez moscada.
Dolor de cabeza	Mucha agua, zumos, limón, proteínas como la de semilla de cáñamo, *dhal*, habas, alubias.
Dolor de estómago	Zumo y sopa de jengibre, papaya, menta piperita, semillas de papaya, *miso*
Dolor de garganta	Limón, té de jengibre con miel, cayena, ver también la sección de gripe y resfriados.
Dolor de muelas o dientes	Clavo, ajo crudo (mascar o mantener en la boca), perejil, zumo de brotes de trigo.
Dolor de oído	Aceite de ajo (hierve ajo con aceite de sésamo hasta que se vuelva marrón), cinco gotas en la oreja.
Enfermedades coronarias	Alfalfa, zanahoria, tubérculos, vegetales de hoja oscura, cereales enteros, lombarda, habas, alubias, manzanas, arándonos, bayas. Evitar la carne y los lácteos.
Erupciones	Ajo, cúrcuma, col o repollo, peras, uva negra, ortiga, pepino, papaya verde, *tulasi*, sandía, puede aplicarse *ghee* como tópico.

Estreñimiento	Mucha agua, fibra, verduras, frutas, zumo de remolacha, ciruelas, zumo de ciruela.
Estrés	Té de *tulasi*, bayas, *miso*, algas marinas, "superalimentos" verdes, vegetales de hoja oscura, boniatos, calabaza, manzana cocida, uva roja, leche cruda tibia con cúrcuma.
Fiebre	Arroz no refinado cocinado tierno, tapioca, hojas de *tulasi*.
Forúnculo, flemón, grano	Cúrcuma (internamente y externamente), bardana, remolacha, vegetales de hoja verde, algas.
Gripe/resfriado	*Tulasi*, jengibre, pimienta negra, cardamomo, té de canela, ajo.
Hemorragia externa	Aplicar pimiento de cayena en la herida para parar la hemorragia.
Hemorragias, trastornos asociados con las	Leche de azafrán, leche de coco, pudín de arroz, (el calcio ayuda a detener la hemorragia).
Hemorroides	Copos de avena, habas, alubias, cúrcuma, aloe vera, remolacha, granada. Evitar solanáceas (pimiento, tomate, berenjena, etc.)
Hígado, toxicidad en el	Zumo de azúcar de caña crudo (limpia el hígado), col o repollo, remolacha, *daikon*, rábanos.
Hipertiroidismo	Aloe vera, alga *kelp*, algas de mar, sopa de lenteja roja, verduras de hoja verde oscura.
Hipotiroidismo	Aloe vera, alga *kelp*, algas de mar, cebada, *miso*, tubérculos, col lombarda.
Intestino Irritable, Síndrome del	*Kitcheri*, lentejas, okra, zaragatona. Evitar el trigo, gluten. frutos secos, semillas, lácteos, aloe vera.

Inmuno-deficiencia	Alfalfa, verduras, ajo, frutas, bayas, bardana, "superalimentos".
Insomnio	Leche de ajo con un poco de cúrcuma, nuez moscada, cereales integrales.
Intoxicación por alimentos	Miel, yogur activo, cilantro, cúrcuma, jengibre.
Menopausia	Hojas de vegetales verdes, boniatos, albahaca, algas marinas, zanahorias, habas, alubias, avena.
Migrañas	Plátano maduro cocinado con *ghee*, cardamomo y nuez moscada, pasta de nuez moscada aplicada en la frente.
Obesidad	Uvas, ensaladas, verduras al vapor, remolacha, col o repollo, papaya verde (no madura) y madura, jengibre, pimienta, bayas, rábanos.
Ojos	Bolsas calientes de té negro o manzanilla calman los ojos cansados o hinchados, zanahoria, col rizada, calabaza.
Osteoporosis	Verduras, espárragos, quínoa, amaranto, manzanas, plátanos, algas, almendras, evitar lácteos pasteurizados y homogeneizados.
Parásitos y gusanos	Semillas de calabaza, semillas de papaya, ajo, arroz integral, semillas de albaricoque. Evitar azúcar, frutas, trigo, gluten y alcohol.
Piel, problemas de (eczema, psoriasis)	Zumo de cilantro, zumo de pepino tanto bebido como aplicado externamente, frotar la piel con la parte interna del melón cantaloupe, zumo de granada, aguacate, papaya, aloe, bayas. Evitar lácteos, trigo y azúcar procesado.

Problemas articulares	Alfalfa, espinacas, jengibre, quínoa, cúrcuma, amaranto, perejil, romero, boniatos, tubérculos, arándanos, *ghee*, aceite de semillas de cáñamo.
Riñones, deficiencia en los	Sandía (excepto edemas), espárragos, perejil, lechuga, fríjoles rojos, ortiga, verduras de hoja verde oscura, remolacha, apio, menos sal.
Síntomas premenstruales	Habas, alubias, algas, zanahorias, manzanas, bardana, remolacha, cacao crudo. Evitar cafeína y alcohol.
Sistema reproductor	Ajo, cebolla, leche cruda, almendras, dátiles, anacardos, remolacha y bardana.
Tensión arterial elevada	Arroz *basmati*, *dhal mung*, *kitcheri*, cilantro, agua de coco, infusión diurética de hierbas.
Tos	Sopa de lentejas, sopa de brócoli y verduras con ajo, mostaza, comino, jengibre, cítricos, cebolla, *tulasi*, *miso*, cardamomo, hinojo.
Tracto Urinario, infección del	Zumo de arándanos (sin azúcar), berro, pepino, bayas, limón, ortiga, bardana, diente de león, arroz integral, *kitcheri*.
Úlcera de estómago	Zumo de lombarda, arroz integral, verduras al vapor, *kitcheri*, bayas, todos los alimentos alcalinos. Evitar trigo, especies calientes, cafeína, alcohol, azúcar procesado.
Vesícula biliar	Alfalfa, bardana, *daikon*, germinados, aloe, hojas de diente de león, anís, nueces.
Vómitos, nauseas	Agua de arroz, jengibre, menta, miel.

Conclusión

Y supo que la comida era Brahman.
Del alimento nacen todos los seres,
por el alimento viven y por el alimento vuelven.

— Taittiriya Upanishad 3.2

Oímos constantemente a Amma recordándonos que no somos el cuerpo; somos el *Atma* (el Ser Supremo) Así que, ¿por qué preocuparse de comer saludablemente? Estos cuerpos son vehículos para transportar el alma. De la misma manera que no pondríamos gasolina mezclada con lodo en nuestros coches, debemos pensar qué clase de combustible ponemos en el vehículo de nuestra alma.

Al mismo tiempo, deberíamos tener cuidado para no tomar nuestra dieta tan seriamente que perdamos el sentido de gratitud por todos los alimentos que recibimos. El pensamiento y la actitud durante las comidas afectan la digestión y la asimilación tanto como el alimento en sí. Somos benditos si tenemos la comida suficiente para proveernos de energía y alimento. Millones de personas no la tienen.

Tenemos un potencial infinito para curarnos tanto a nosotros mismos como al planeta, simplemente cambiando nuestros hábitos alimentarios. Amma nos dice una y otra vez que la Madre Naturaleza está muy desequilibrada. Nos anima continuamente a contribuir a recuperar el equilibrio. Que todos podamos, por su Gracia, encontrar ese equilibrio tanto interior como exteriormente.

Om brahmarpanam brahma havir brahmagnau
brahmana hutam brahmaiva tena gantavyam
brahma karma samadhin
Brahman es la ofrenda,

Brahman es el alimento ofrecido
por *Brahman* en el fuego de *Brahman*.
Brahman es lo que debe ser alcanzado
por medio de la completa absorción (*samadhi*)
en la acción de *Brahman*.

– Bhagavad Gita, 4:24

Om Lokah Samastah Sukhino Bhavantu
Om, que todos los seres de todos los mundos
sean felices

Lecturas recomendadas

Ayurvedic Healing: A Comprehensive Guide (David Frawley)

Ayurveda: The Science of Healing (Vasant Lad)

Ayurvedic Cooking (Vasant Lad)

Diet for a New America (John Robbins)

Diet for a New World (John Robbins)

Healing with Whole Foods (Paul Pitchford)

Prakriti (Robert Svoboda)

Quantum Healing (Deepak Chopra)

Vegan Fusion (Mark Reinfeld)

Why Vegan? (Visita www.VeganOutreach.com)

Yoga and Ayurveda (David Frawley)

Guía de pronunciación

Las palabras indias que aparecen en el libro están en transcripción inglesa. En esta "guía" indicamos cómo se pronuncian aproximadamente en español, así como el género de los sustantivos en nuestra lengua (femenino/masculino = f/m). En cada país hispanohablante la pronunciación del español es diferente. Aquí adoptamos la pronunciación castellana.

La letra "sh" se pronuncia en inglés como en "Shakira"; la dejamos así en español porque no tenemos ninguna letra equivalente. La "j" se pronuncia en inglés como en "John" (o como en catalán: "Jordi"): algo intermedio entre la "ll" y la "ch"; la transcribimos al español como "ll". La "r" siempre es suave, como en "cara", aunque vaya al principio de la palabra. La "h" siempre es aspirada (excepto en la "ch" y la "sh", que son letras especiales), como en "house"; la dejamos en español porque nuestro sonido más cercano, una "j" suave, sigue siendo demasiado diferente. Cuando la palabra se pronuncie igual que se escribe en inglés, ponemos "íd.", para abreviar.

ahimsa: íd. (f)

amrita: ámrita (m)

Atma: íd. (m)

ayurveda: íd. (m)

basmati: básmati (f)

Bhagavad Gita: Bhágavad Guita (f)

Brahman: íd. (m)

chai: íd. (f)

chapati: chapatti (f)

Charaka Samhita: Cháraka Sánhita (f)

chayawanprash: chayauanprash

dhal: dal (f)

dharma: íd. (m)

dhatu: íd. (m)

dosa: íd. (m)

dosha: íd. (m)

ghee: ghi (f)

idly: idli (m)

kanji: kanlli (m)

kapha: kafa (m)

kitcheri: kítcheri (m)

Mahabharata: Mahabhárata (m)

mantra: íd. (m)

Mata Amritanandamayi Devi: Mata Amritanandamayí Devi

mung: íd. (m)

ootapam: úttapam (m)

panchakarma: íd. (m)

pitta: íd. (m)

prakriti: prákriti (f)

prana: íd. (m)

ragi: ragui.

rajas: rallas (m)

rishi: íd. (m)

samadhi: íd. (m)

tamas: íd. (m)

satguru: sátguru (m/f)

sattva: sattua (m)

Taittiriya Upanishad: Taittiriya Úpanishad (f)

tulasi: túlasi (f)

uppuma: úppuma (m)

vata: vata (m)

yogi: yogui (m)

www.ingramcontent.com/pod-product-compliance
Lightning Source LLC
Chambersburg PA
CBHW070623050426
42450CB00011B/3109